AF344797

LIBRAIRIE DE FIRMIN DIDOT FRÈRES,
rue Jacob, 56, à Paris.

GUIDE DU CORRECTEUR

ET

DU COMPOSITEUR,

DONNANT LA SOLUTION DES PRINCIPALES DIFFICULTÉS
POUR L'EMPLOI DES LETTRES MAJUSCULES ET MINUSCULES
DANS L'ÉCRITURE ET L'IMPRESSION ;

PAR

S. A. TASSIS,

Correcteur à l'imprimerie de MM. Firmin Didot frères.

Prix : 1 fr. 50 c.

Les difficultés pour l'emploi des lettres majuscules et minuscules sont innombrables ; souvent même elles se présentent
sous des formes tellement compliquées, que ce n'est qu'à force
de raisonnement qu'on parvient à les résoudre.

Ne pouvant nous appuyer sur aucune règle *pratique*, et
témoin chaque jour des dissentiments et des discussions qui
se renouvelaient sans cesse, nous avions fait un relevé des
principales difficultés sur cette matière ; mais ce relevé, bien
qu'augmenté à chaque nouvelle édition, ne contenait que la solution de certains cas particuliers.

Dans la quatrième édition, que nous publions aujourd'hui, nous
avons dû, pour rendre notre ouvrage *complet*, le faire précéder d'une série de règles dont les applications sont générales, et
dans lesquelles les difficultés de ce genre sont discutées et résolues.

Ces règles, formulées d'après les principes du Dictionnaire
de l'Académie et consacrées par l'usage, sont exposées d'une
manière claire et succincte ; elles sont accompagnées d'exemples nombreux et choisis qui les confirment et les justifient (1).

Ce travail intéresse à peu près tout le monde ; mais pour
celui qui tient absolument à avoir une orthographe irrépro-

____

(1) Ces règles sont au nombre de soixante-cinq.

1856

chable sous tous les rapports, il est d'une indispensable nécessité, car toutes les questions qui y sont soulevées touchent essentiellement à l'orthographe.

Nous ne pouvons indiquer ici que très-sommairement les principales difficultés contenues dans ce livre.

Abstractions personnifiées. Dans quel cas doit-on les écrire avec la majuscule? Quels sont les cas particuliers où elles doivent figurer avec la minuscule?

Adjectifs employés substantivement.

Adjectifs employés comme noms propres.

Adjectifs. Dans quel cas un adjectif, modifiant un substantif dans un titre d'ouvrage, doit-il s'écrire tantôt avec la minuscule, et tantôt avec la majuscule?

Antonomase. Dans quels cas les noms employés par antonomase doivent-ils être écrits avec la minuscule? — Exceptions à cette règle.

Quels sont les cas où les noms propres, employés comme noms communs, doivent figurer avec la majuscule?

Dénominations communes de monuments s'écrivant avec la minuscule.

Cas dans lesquels ces dénominations, *même communes*, doivent s'écrire avec la majuscule.

Dénominations communes de monuments, exprimées par deux mots, s'écrivant avec la minuscule.

Relativement aux dénominations propres exprimées par deux mots, quand doit-on écrire le premier avec la majuscule? Et quels sont les cas où la majuscule doit ne figurer qu'au second?

Dénominations (propres, communes) exprimées par deux mots, se présentant sous forme elliptique, et devant s'écrire tantôt avec la majuscule, tantôt avec la minuscule.

Dénominations exprimées par deux mots, se présentant avec trois acceptions diverses, bien distinctes.

Divisions étymologiques.

Inconvénients d'écrire avec la majuscule une dénomination commune.

Le, la, les, du, de la, des, devant un nom d'homme, de ville, de rue.

Liste des substantifs simples et composés qui offrent des difficultés pour la formation du pluriel.

Liste complète des participes invariables.

Liste des mots qui offrent des difficultés pour l'orthographe.

Noms d'homme, de peuple, s'écrivant avec la minuscule.

Nom d'auteur. Doit-on écrire avec la majuscule le nom d'un auteur lorsqu'il est pris pour désigner l'ensemble de ses œuvres?

Noms des diverses religions, des ordres monastiques.

Noms des membres de divers partis politiques.

Noms des fêtes païennes, des nymphes, ou divinités des mers et des bois.

Noms des animaux ou monstres imaginaires dont il est fait mention dans la Fable ou ailleurs, s'écrivant, les uns, avec la majuscule, les autres avec la minuscule.

Noms de dynasties précédés des noms des peuples sur lesquels ces dynasties ont régné.

Noms de deux peuples réunis, employés substantivement.

Noms de deux peuples réunis dont le second, pris adjectivement, s'écrit avec la majuscule.

Noms de deux peuples réunis dont le second, pris adjectivement, s'écrit avec la minuscule.

Personnifications (exemples nombreux de).

Règles pour l'orthographe des divers temps des verbes dont l'infinitif est en *ayer, uyer, oyer, ier, ener, dier, éder, éger.*

Règle relative aux noms d'homme, de royaume, de fleuve, perdant la majuscule lorsqu'ils entrent dans la composition d'un substantif commun.

Règle relative aux noms d'homme conservant ou perdant la majuscule, selon qu'ils sont placés au commencement ou à la fin d'un mot composé.

Règle relative aux noms de ville, de localité donnés à un objet de fabrication quelconque.

Relevé général des mots qui offrent des difficultés pour l'emploi des majuscules.

Titres d'ouvrages s'écrivant avec la minuscule.

Titres d'ouvrages (les mêmes) s'écrivant avec la majuscule.

Protocole contenant les signes particuliers à l'usage des correcteurs pour la correction des épreuves.

Paris. — Typographie de Firmin Didot frères, fils et Cie, rue Jacob, 56.

GUIDE

DU

CORRECTEUR

ET DU

COMPOSITEUR.

Paris. — Typographie de Firmin Didot frères, rue Jacob, 56.

GUIDE

DU

CORRECTEUR

ET DU

COMPOSITEUR,

DONNANT LA SOLUTION DES PRINCIPALES DIFFICULTÉS

POUR L'EMPLOI DES LETTRES MAJUSCULES ET MINUSCULES DANS L'ÉCRITURE ET L'IMPRESSION,

CONTENANT :

1° L'exposition des règles générales en cette matière;
2° Le tableau général des difficultés particulières pour l'emploi des majuscules et minuscules;
3° Les règles sur la manière de diviser les mots à la fin des lignes;
4° La liste complète des participes invariables;

5° La liste complète des substantifs simples et composés, tels qu'ils doivent être écrits au pluriel;
6° La liste des mots qui offrent des difficultés pour l'orthographe;
7° Protocole de M. Brun, contenant les signes particuliers à l'usage des correcteurs pour la correction des épreuves.

PAR S. A. TASSIS,

Correcteur à l'imprimerie de MM. Firmin Didot frères.

Quatrième édition, revue et augmentée.

PARIS,

LIBRAIRIE DE FIRMIN DIDOT FRÈRES,

IMPRIMEURS DE L'INSTITUT DE FRANCE,

RUE JACOB, 56.

1856.

AVERTISSEMENT.

Les difficultés pour l'emploi des lettres majuscules et minuscules sont innombrables ; souvent même elles se présentent sous des formes tellement compliquées, que ce n'est qu'à force de raisonnement qu'on parvient à les résoudre.

Ne pouvant nous appuyer sur aucune règle *pratique*, et témoin chaque jour des dissentiments et des discussions qui se renouvelaient sans cesse, nous avions fait un relevé des principales difficultés sur cette matière ; mais ce relevé, bien qu'augmenté à chaque nouvelle édition, ne contenait que la solution de certains cas particuliers.

Dans la quatrième édition, que nous publions aujourd'hui, nous avons dû, pour rendre notre ouvrage *complet*, le faire précéder d'une série de

règles dont les applications sont générales, et
dans lesquelles les difficultés de ce genre sont discutées et résolues.

Ces règles, formulées d'après les principes du
Dictionnaire de l'Académie et consacrées par l'u-
sage, sont exposées d'une manière claire et succincte; elles sont accompagnées d'exemples nombreux et choisis qui les confirment et les justifient.

Ce travail intéresse à peu près tout le monde;
mais pour celui qui tient absolument à avoir une
orthographe irréprochable sous tous les rapports,
il est d'une indispensable nécessité, car toutes les
questions qui y sont soulevées touchent essentiellement à l'orthographe.

Notre travail est un guide sûr principalement
pour les professeurs, les instituteurs et les institu-
trices, qui, s'acquittant, sans s'en douter, de la
mission qui nous est spécialement dévolue, lisent
et corrigent les dictées, les compositions des élè-
ves, dans lesquelles, comme dans nos épreuves,
se rencontrent à chaque ligne les difficultés dont
nous donnons non-seulement la solution, mais l'ex-
plication.

L'ordre alphabétique le plus rigoureux a été observé dans le relevé général, de sorte que le premier mot de chaque ligne est celui précisément de la difficulté, qui se trouve ainsi résolue.

Pour faciliter les recherches nous avons cru nécessaire, lorsque certaine dénomination offrait, à elle seule, une double difficulté, de la présenter sous son double aspect à son ordre alphabétique.

Nous devons à l'extrême obligeance de M. Brun l'insertion dans ce livre du *protocole pour la correction des épreuves*, cette œuvre remarquable qui excita tant de surprise lors de la publication du *Manuel typographique*, et que ce maître parvint à exécuter en caractères mobiles avec autant d'habileté que de bonheur.

DE L'EMPLOI

DES LETTRES

MAJUSCULES ET MINUSCULES

DANS L'ÉCRITURE ET L'IMPRESSION.

CHAPITRE PREMIER.

DES SUBSTANTIFS.

DES NOMS COMMUNS EMPLOYÉS COMME NOMS PROPRES. — DES NOMS PROPRES EMPLOYÉS COMME NOMS COMMUNS.

§ I. Tout nom commun s'écrit avec une lettre minuscule :

abbaye	chaumière
arsenal	église
bibliothèque	palais.

§ II. Sont considérés comme communs,

1º *Les noms donnés aux membres des divers partis politiques* :

légitimiste	républicain
orléaniste	socialiste
philippiste	thermidorien.

2° *Les sectaires et partisans de doctrines religieuses ou philosophiques :*

anabaptiste
calviniste
catholique
donatiste
épicurien
gentil
hernute
hussite
iconoclaste
iconolâtre
janséniste

luthérien
mahométan
malthusien
moliniste
monophysite
péripatéticien
pythagoricien
protestant
puritain
pharisien
voltairien.

3° *Les noms de diverses religions :*

catholicisme
christianisme
bouddhisme
brahmanisme
islamisme
mahométisme

calvinisme
luthéranisme
judaïsme
paganisme
sabéisme.

4° *Les membres des ordres monastiques :*

bénédictin
camaldule
carme
chartreux
cordelier
dominicain

feuillant
lazariste
minime
observantin
trappiste
visitandine.

5° *Les souverains et hauts personnages :*

autocrate
bey
dey
calife
cadi
comte
consul
czar
duc
empereur

éphore
marquis
pacha
pape
pharaon
roi
schah
sultan
suffète.

6° *Prêtres de diverses religions :*

aruspice	hiérophante
augure	hiérogrammate
cabire	luperque
corybante	mage
curète	ménade
dadouque	muezzin
druide	pontife
fabien	pythonisse
fécial	nadab
flamine	salien.

7° *Fêtes païennes :*

les ambarvales	les lupercales
les apaturies	les néoménies
les bacchanales	les orphiques
les compitales	les panathénées
les canéphories	les saturnales
les dionysies	les theories
les éleusinies	les thesmophories.

8° *Les nymphes, ou divinités des mers et des bois :*

une dryade	un satyre
un faune (1)	une sirène
une hamadryade	un sylphe
une hydriade	une sylphide
une naïade	un sylvain
une oréade	un triton.
une potamide	

§ III. La plupart des titres d'ouvrages, employés dans un sens indéfini, ne sont que des dénominations communes, et doivent s'écrire avec une minuscule :

un almanach	un bréviaire
un antiphonaire	un commentaire
un barème	un cours de philosophie
une biographie	un dictionnaire

---

(1) Le dieu Faune, chez les Romains, est la même divinité que Pan chez les Grecs.

<table>
<tr><td>une encyclopédie</td><td>un mémoire</td></tr>
<tr><td>un essai</td><td>un missel</td></tr>
<tr><td>un eucologe</td><td>une monographie</td></tr>
<tr><td>une gazette</td><td>un paroissien</td></tr>
<tr><td>un glossaire</td><td>un psautier</td></tr>
<tr><td>un graduel</td><td>un répertoire</td></tr>
<tr><td>une grammaire</td><td>une revue</td></tr>
<tr><td>une géographie</td><td>un traité d'harmonie</td></tr>
<tr><td>un lexique</td><td>un traité de médecine</td></tr>
<tr><td>un manuel</td><td>un vespéral.</td></tr>
</table>

§ IV.   Les titres d'ouvrages du paragraphe ci-dessus s'écrivent toujours avec la majuscule lorsqu'ils sont accompagnés du nom d'auteur ou d'éditeur :

> la Biographie Didot
> les Commentaires de César
> le Dictionnaire de l'Académie
> l'Encyclopédie de Diderot
> les Essais de Montaigne
> la Géographie de Crozat
> le Glossaire de du Cange
> la Grammaire de Lhomond
> Histoire de France, par Anquetil
> Manuel Roret
> les Mémoires de Saint-Simon
> Traité des études, par Rollin.

Cependant on écrit très-bien sans majuscule : *Il vous récitera toutes les fables de la Fontaine, il connaît à fond tous les aphorismes d'Hippocrate;* c'est que dans ces deux phrases les mots *fables* et *aphorismes* sont employés non comme titres d'ouvrage, mais comme de simples noms communs.

§ V.   Il faut autant de majuscules qu'il y a de personnages dans l'intitulé d'une fable, d'une comédie, etc. :

> *le Chêne et le Roseau*
> *la Génisse, la Chèvre et la Brebis*
> *le Flatteur et l'Envieux*
> *le Maître et le Valet.*

§ VI.   De même, il faut autant de majuscules qu'il y a d'ouvrages mentionnés dans un titre.

> *le Complément de l'Encyclopédie moderne*

la Critique de l'École des femmes
Défense du Génie du christianisme
Observations sur l'Esprit des lois.

Dans les titres ci-dessous nous n'employons qu'une majuscule parce que dans chaque intitulé il n'est question que d'un seul ouvrage.

Considérations sur l'histoire de France   (par A. Thierry)
Discours sur l'histoire universelle   (par Bossuet).

§ VII. Les noms donnés aux rues, places, quais, avenues, etc., s'écrivent toujours avec la majuscule. Il est bien entendu que les mots *rue*, *place*, *quai*, etc., qui les précèdent, restent toujours ce qu'ils sont, c'est-à-dire de simples noms communs, et doivent, comme tels, figurer avec la minuscule :

allée de l'Observatoire
avenue des Champs-Élysées
barrière de l'Étoile
carrefour de l'Abattoir
cour des Fontaines
chaussée des Minimes
esplanade des Invalides
faubourg Poissonnière
passage des Panoramas
place de l'Estrapade
quai de l'Horloge.

§ VIII. L'antonomase est une figure de rhétorique, un trope qui consiste à mettre un nom commun ou une périphrase à la place d'un nom propre, ou un nom propre à la place d'un nom commun.

Les mots qui appartiennent à la première espèce d'antonomase, celle qui consiste à mettre un nom commun ou une périphrase à la place d'un nom propre, s'écrivent avec la minuscule (1) :

l'aigle de Meaux   *pour dire* Bossuet.
l'aigle de Patmos   — saint Jean.

____

(1) Dans un ouvrage spécial, il est d'usage d'écrire avec la majuscule les

l'ange des ténèbres   *pour dire* le diable.
le cygne de Thèbes   — Pindare.
le chantre de Vaucluse   — Pétrarque.
la déesse des moissons   — Cérès.
le dieu des mers   — Neptune.
le lion de la tribu de Juda   — Jésus-Christ.
le père des miséricordes   — Dieu.
le père du mensonge   — Satan.
le soleil de justice   — Dieu.

§ IX.   Cependant, lorsque la périphrase ou le nom commun est employé par excellence comme surnom, et donné comme tel à un homme célèbre, il constitue alors un nom propre, et s'écrit toujours avec la majuscule :

l'Apôtre des nations, *pour dire* saint Paul.
l'Ange de l'école   — saint Thomas d'Aquin.
le Docteur de la grâce   — saint Augustin.
l'Oint du Seigneur   — Jésus-Christ.
l'Orateur romain   — Cicéron.
le Sage   — Salomon.

§ X.   Les mots qui appartiennent à la seconde espèce d'antonomase, celle qui consiste à mettre un nom propre à la place d'un nom commun, s'écrivent avec la majuscule, et prennent la marque du pluriel.

Un Auguste aisément peut faire des Virgiles.

Un regard de Louis enfante des Corneilles.

Mais sans un Mécénas à quoi sert un Auguste ?

Aux temps les plus féconds en Phrynés, en Laïs,
Plus d'une Pénélope honora son pays.

§ XI.   Quelques noms propres d'homme, de peuple, rappel-

---

mots qui jouent le principal rôle. Ces majuscules, bien qu'employées contre toutes les règles établies, produisent cependant un bon effet lorsqu'on en fait usage avec goût et avec réserve. Mais comme, dans les ouvrages de cette nature, le caprice, l'arbitraire tiennent lieu de règle, nous n'avons pas à nous en occuper ici. Dans le relevé général, page 39, nous avons marqué d'un astérisque quelques-uns des mots qui dans un ouvrage spésial peuvent s'écrire avec la majuscule.

lent une idée tellement significative de prudence, de sagesse,
d'habileté, etc., chez les uns ; de naïveté, d'hypocrisie, de bar-
barie, etc., chez les autres, qu'ils ont fini, par le fréquent usage
qu'on en a fait, par devenir de véritables noms communs (1) :

un allobroge	une mégère
un amphitryon	un mentor
un arabe	un nicodème
un claude	un ostrogoth
un cosaque	un tartufe.

La nature n'a rien produit de plus hideux qu'une mégère philo-
sophiste. Chaque parti eut ses mégères.
On trouve souvent un tartufe sous le voile hideux de l'athéisme.

§ XII. Quelques-uns de ces noms propres, au lieu de désigner des personnes, comme ceux qui sont énumérés ci-dessus,
ne sont appliqués qu'à des êtres inanimés :

un barème	un hermès
un calepin	du mithridate
un dédale	un phaéton.

La justice s'égare dans le dédale des lois.
La flatterie est un poison contre lequel on ne connaît pas de
mithridate.

§ XIII. On écrit avec la majuscule, et au besoin avec le signe du pluriel, le nom d'un auteur lorsqu'il est employé pour
désigner l'ensemble de ses œuvres :

C'est un fort bel Elzévir.

Voilà le premier Homère imprimé.

---

(1) Voilà pourquoi les noms des paragr. XI et XII s'écrivent toujours
avec la minuscule ; à la différence de ceux du paragr. X, qui, bien qu'employés comme noms communs, s'écrivent avec la majuscule. — Ainsi, d'a-
près la règle XI, on doit écrire : *c'est une mégère, — c'est un tartufe, —
voilà notre amphitryon, — c'est un dédale d'intrigues.*
D'après la règle X, on doit écrire : *c'est un Salomon, c'est un Titus,
c'est une Sémiramis, c'est un Racine,* par la raison que les noms propres
Salomon, Sémiramis, Titus, Racine, quoique pris dans la même acception que ci-dessus, ne sont pas de véritables noms communs comme *tartufe, dédale, barème, mithridate.*

Des Elzévirs, des Plines, des Callots,

Pour dire :

des éditions d'Elzévir
des éditions de Pline
des collections de Callot.

§ XIV.   Les noms propres, précédés de l'article, conservent la majuscule et sont invariables lorsqu'on n'a en vue que le seul individu dont le nom rappelle l'idée :

Les plus savants des hommes, les Socrate, les Platon, les Newton, ont été aussi les plus religieux.

Ce furent les vices et les flatteries des Grecs et des Asiatiques, esclaves à Rome, qui y formèrent les Catilina, les César, les Néron.

§ XV.   Les dénominations diverses données à une certaine étendue de pays sous la domination d'un souverain ou l'administration d'un prince, d'un magistrat, etc., comme *empire*, *royaume*, *duché*, etc., s'écrivent avec la minuscule :

comtat Venaissin
comté de Valentinois
diocèse de Reims
duché de Toscane
électorat de Hesse
empire français
empire des Perses
exarchat de Ravenne
grand-duché de Luxembourg
gouvernement de Mohilew
marquisat de Saluces
principauté d'Orange
république romaine
régence de Tunis
royaume de Prusse
satrapie d'Ascalon.

§ XVI.   Les noms donnés à des monuments ou édifices publics, lorsque ces noms ne sont que des dénominations communes pouvant s'appliquer indistinctement à tous les monuments de même genre, s'écrivent avec la minuscule, quelle que

soit la splendeur particulière du monument dont on parle, ou
l'importance des souvenirs qui s'y rattachent :

> l'abbaye de Saint-Victor
> l'ambassade turque à Paris
> l'amirauté de Londres
> l'arc de triomphe de l'Étoile
> la chancellerie de la Légion d'honneur
> la chambre des pairs
> la chambre des lords
> le consulat de Smyrne
> le château de Saint-Germain
> l'évêché de Marseille
> l'hôtel de ville de Paris
> l'intendance militaire de Toulon
> la légation russe à Berlin
> le musée de Versailles
> la nonciature à Paris
> le palais des Tuileries
> le parlement d'Angleterre
> la préfecture de la Seine
> le tribunat de Paris
> le sénat de Rome, de Paris.

> César fut assassiné dans le sénat, au pied de la statue de
> Pompée.

> Enfin le soir, en me promenant sur le port, j'aperçus, au centre
> du fronton rustique de la porte d'un jardin, une petite stèle
> portant une inscription en huit lignes, d'une assez bonne
> époque. Le lendemain, M. Archigénès, à qui je signalais ma
> découverte, fit transporter le marbre au *musee* par les soins
> du démarque de Syra.

§ XVII. Une difficulté qui se présente souvent est celle-ci :
Doit-on écrire avec une majuscule le nom d'un monument qui
porte une dénomination commune, comme *abbaye, acropole,
arsenal, bastille, chartreuse, châtelet, gymnase, temple,
tour*, etc. ; et, dans le cas où une dénomination quelconque est
exprimée par deux mots, est-ce le premier ou le second qui doit
figurer avec la majuscule?

Dans le premier cas, il faut n'employer la majuscule que
lorsque la dénomination commune d'un monument ou d'un
établissement quelconque constitue réellement un nom propre,

et est particulière au monument auquel elle est appliquée :

> l'Abbaye, nom propre d'une église paroissiale de Paris (1).
> l'Abbaye, prison militaire de Paris.
> l'Acropole, nom propre d'un quartier d'Athènes.
> l'Arsenal, bibliothèque de Paris.
> la Bastille, ancienne prison d'État.
> la Chartreuse, bal public de Paris.
> le Châtelet, ancien tribunal de Paris.
> le Cirque, théâtre de Paris.
> le Gymnase, théâtre de Paris,
> le Temple, ancienne demeure des templiers à Paris.
> la Tour de Londres, caserne, prison d'État à Londres.
>
> > Cette ville n'a pour se défendre ni murs d'enceinte ni acro-pole (citadelle).

Remarquez bien que, lorsqu'une dénomination commune devient dénomination propre, elle perd sa signification primitive, et s'applique à un monument qui a une tout autre destination.

Ainsi, comme on le voit par les exemples ci-dessus, les noms communs *abbaye, arsenal, chartreuse, temple, tour,* etc., pris comme noms propres, ont une tout autre signification.

§ XVIII.   Lorsque deux substantifs figurent dans une dénomination propre, et que le second n'est que le complément déterminatif du premier, le premier seul prend la majuscule :

> l'Académie des sciences
> le Conservatoire de musique
> le Conservatoire des arts et métiers
> l'École des chartes
> l'ordre de { l'Aigle de fer
> la Légion d'honneur
> la Toison d'or.

---

(1) Lorsque les religieux de l'abbaye de Saint-Germain des Prés vivaient en communauté dans l'abbaye de ce nom, on écrivait, et on écrit encore aujourd'hui (lorsqu'il s'agit de faits accomplis à cette époque), *l'église de l'abbaye, aller à la messe à l'abbaye ;* et comme les abbés de Saint-Germain avaient alors le droit de juger toutes les affaires *civiles* qui ressortissaient à leur juridiction, il y avait une prison dans l'abbaye, et on écrivait : *il a été écroué à la prison de l'abbaye,* c'est-à-dire à la prison *de la communauté.* Aujourd'hui le mot *Abbaye* est le nom propre d'une paroisse, ainsi que d'une prison militaire, récemment démolie.

Cette règle s'applique également aux titres d'ouvrages :

Bulletin des lois
Cours d'astronomie
le Devin du village
Dialogues des morts
Éléments de physique
Esprit des lois
Essai sur les mœurs
Histoire des croisades
Génie du christianisme
Pluralité des mondes
Traité des études
Voyage autour du monde.

§ XIX. Cependant lorsqu'une dénomination quelconque est exprimée par deux mots, c'est, dans beaucoup de cas, le second qui s'écrit avec la majuscule ; et cela a toujours lieu lorsque ce mot caractérise soit historiquement, soit figurément ou par analogie, la dénomination, et constitue par cela même un nom propre :

la barrière du Trône
le cap des Tempêtes
la cour des Miracles
la fontaine des Innocents
l'hôtel des Ambassadeurs
l'ile de la Réunion
les monts de la Chimère
les montagnes de la Lune
la place de l'Estrapade
le quai aux Fleurs (1)
la tour de Babel, c'est-à-dire la tour de la Confusion
la tour des Vents, à Athènes
la vallée de la Vision.

§ XX. Mais, lorsqu'une dénomination quelconque exprimée par deux mots est une dénomination commune, il ne faut de majuscule ni à l'un ni à l'autre :

l'administration des postes

---

(1) Nous écrivons *le quai aux Fleurs* avec une majuscule, parce que c'est une dénomination propre et appliquée seulement à un quai de Paris. — Dans le paragraphe qui suit nous écrivons *le marché aux fleurs* sans majuscule, par la raison que cette dénomination est commune à tous les marchés aux fleurs de France.

l'administration des monnaies

le comptoir d'escompte
la caisse d'épargne
le couvent des dominicains
l'église des pénitents gris
l'église de l'abbaye, c'est-à-dire du monastère

la halle aux { blés / cuirs / draps / poissons

l'hôtel de ville
la maison d'arrêt
le marché { au charbon / aux fleurs
la manutention des vivres
le ministère de l'intérieur
le ministère des finances
le palais de justice
la régie des tabacs
le temple des protestants
le temple des idoles
le temple des faux dieux.

§ XXI.   Lorsque le second mot d'une dénomination est une abstraction personnifiée, il s'écrit toujours avec la majuscule :

le temple { de la Paix / de la Concorde / de la Raison
le temple de l'Honneur et de la Vertu, près de Rome.

§ XXII.   Lorsqu'une dénomination (propre ou commune), exprimée par deux mots, se présente sous forme elliptique, on doit écrire le second mot avec la majuscule, si, à cause de l'ellipse, cette dénomination offre une équivoque ou un non-sens :

Il est allé { aux Arts et métiers / à l'Instruction publique / à la Monnaie

Une lexicographie rationnelle et philosophique est très-difficile : ceci serait l'œuvre des Académies. L'organisation de l'Institut, comprise par le génie de Bonaparte vainqueur et reposé, aurait pourvu sans effort à ce monument immortel, le plus grand que la civilisation eût jamais élevé. Chacune des quatre sections y aurait apporté son contingent : l'Académie française, sa grammaire et sa littérature ; les Sciences, leurs langues techniques; les inscriptions et Belles-Lettres, leur archéologie européenne et exotique; les Beaux-Arts eux-mêmes, leur nomenclature brillante, qui aboutit toujours à s'introduire et à se figurer dans la langue littéraire.

(Épigraphe du *Nouveau Dictionnaire universel* de la langue française, par M. P. Poitevin, Extrait de Charles NODIER.)

Dans les exemples ci-dessus, c'est à cause de l'ellipse qu'on a écrit avec majuscule les mots *Arts*, *Instruction*, *Monnaie*, *Sciences*, *Beaux-Arts*, *Inscriptions* et *Belles-Lettres*. Ils sont mis là pour : le Conservatoire des arts et métiers, le ministère de l'instruction publique, l'administration des monnaies, l'Académie des sciences, l'Académie des beaux-arts, l'Académie des inscriptions et belles-lettres.

§ XXIII. Lorsqu'il n'y a pas d'amphibologie, on écrit toujours avec la minuscule, qu'il y ait ellipse ou non :

Il est allé à l'administration des domaines / des douanes / des postes

Ou bien,

Il est allé aux domaines / aux douanes / à la poste.

§ XXIV. Il est de la plus grande importance de faire un emploi raisonné des majuscules, car, si, pour frapper les yeux et attirer l'attention, on les prodigue sans nécessité, on dépasse le but que l'on voulait atteindre, et l'effet que l'on voulait produire est manqué. Quel moyen aura-t-on alors d'établir une distinction, lorsque, par exemple, une même dénomination se présentera avec trois acceptions diverses, bien distinctes ?

Prenons, pour démontrer ce que nous avançons, le premier exemple venu :

côte d'or

côte d'Or

Côte-d'Or.

On dit figurément d'une personne qui est douée d'un excellent cœur : *C'est un cœur d'or ;* et d'une affaire très-avantageuse : *C'est une affaire d'or.*

De même on dit, en parlant d'une côte quelconque renommée par l'excellence de ses vignobles : *C'est une côte d'or.*

Si, par un fréquent usage, cette expression figurée, qui est commune et peut s'appliquer indistinctement à toute côte riche par ses productions, devient la dénomination propre d'une côte, une majuscule suffit pour signaler sa différence avec la première acception ; et comme, dans cet exemple, le mot *or* exprime l'idée de richesse, d'abondance, on devra l'écrire avec la majuscule :

la côte d'Or   (celle qui est située près de Dijon).

Si, en troisième lieu, on détourne cette dénomination propre de sa signification primitive, pour lui attribuer un sens qui n'est ni celui de la première, ni celui de la seconde acception, si l'on en fait, par exemple, le nom d'un département, alors l'emploi d'une autre majuscule est de rigueur, et l'on écrira :

la Côte-d'Or   (département).

§ XXV. Lorsqu'un monument change de destination, et qu'au lieu du nom propre qu'il portait auparavant, on lui en assigne un autre, qui est commun, ce dernier s'écrit avec la minuscule :

le Capitole à Toulouse transformé en hôtel de ville

le Louvre	—	en musée
le Luxembourg	—	{ en chambre des pairs { en sénat
le Palais-Royal	—	en tribunat.

§ XXVI. Il arrive souvent qu'au lieu de désigner un monument, une ville, un État par le nom propre qui lui est particulier, on se sert, pour l'harmonie de la phrase, d'une autre dénomination qui est à peu près équivalente ; mais cette seconde dénomination, ne constituant pas réellement un nom propre, doit s'écrire avec la minuscule. Ainsi un auteur,

au lieu d'écrire l'Abbaye, *écrit* la prison militaire.

au lieu d'écrire l'Amérique sept. et occid. *écrit* le nouveau monde.

la Cadmée,	— l'acropole de Thèbes
le Colisée,	— le cirque / l'amphithéâtre } de Vespasien.
l'Europe, l'Asie, l'Afrique,	— le vieux continent.
Jérusalem,	— la ville sainte.
l'Oratoire,	— le temple des protestants.
la Palestine,	— { la terre sainte. / la terre promise.
le Parthénon,	le temple de Minerve.
le Quirinal,	— le palais pontifical.
Rome,	— la ville éternelle.
le Val-de-Grâce,	— l'hôpital militaire.
le Vatican,	-- le palais des papes.

Ce n'est que dans un ouvrage spécial que quelques-uns des mots de la seconde colonne peuvent être écrits avec la majuscule. Nous devons ajouter que celui qui, dans un ouvrage non spécial, se fait une règle d'écrire avec la majuscule une dénomination commune doit s'attendre nécessairement à voir découler de cette règle les conséquences que voici :

Ce temple des protestants s'appelle		*le Temple des protestants.*
Cet hôtel de ville	—	*l'Hôtel de ville.*
Cette prison militaire	--	*la Prison militaire.*
Ce palais de justice	—	*le Palais de justice.*
Ce musée	--	*le Musée.*

Ne confondez pas un nom propre avec un nom commun. N'écrivez absolument avec la majuscule que les dénominations propres, et dites :

Ce temple des protestants s'appelle		l'Oratoire.
Ce tribunal	--	le Châtelet.
Ce palais de justice	—	les Tournelles.
Cet hôtel de ville	—	le Capitole.

Appelez enfin le diable Astaroth ou Satan, un chat Raminagrobis, et un cheval Bucéphale.

J'appelle un chat un chat et *le Louvre un musée.*

§ XXVII.   Lorsqu'on donne à un produit, à un objet de fabrication quelconque, le nom de la ville où il a été fabriqué, ou celui de la localité d'où il est extrait, exporté, ce nom doit toujours être considéré comme un nom commun, et il s'écrit avec minuscule :

> un mètre d'angleterre
> une statue en carrare
> un bel angora
> une bouteille de cognac
> fumer du maryland
> une robe de florence.
> une robe de madras.

§ XXVIII.   Tout nom propre perd la majuscule lorsqu'il entre dans la composition d'un mot, et forme avec celui-ci un substantif commun :

> un asiarque
> un anglomane
> un daguerréotype
> un hermaphrodite
> un nilomètre.

Font exception, à cause du trait d'union,

> un prie-Dieu
> le lever-Dieu.

§ XXIX.   Lorsque le nom composé est un nom propre, la majuscule doit figurer au nom du personnage, s'il est placé au commencement du mot :

> le Minotaure.

Au contraire, le nom propre perd la majuscule s'il est placé à la fin du mot, et dans ce cas c'est une simple préposition qui figure avec la majuscule :

> Antéros, frère d'Éros
> l'Antechrist
> Anticaton
> Anticésar
> Dyséros.

> Antéros est la personnification de l'amour réciproque.
> Le temps de la venue de l'Antechrist est incertaine.

Lorsqu'on introduit, contre l'usage, un trait d'union dans un nom propre composé commençant par *anti*, les deux majuscules sont nécessaires.

l'Anti-Liban
l'Anti-Taurus
l'*Anti-Lucrèce* (1).

Pseudo-Épiphane
Pseudo-Philippe.

§ XXX. On doit écrire avec la minuscule, selon l'usage établi, tous les noms donnés aux vents :

les aquilons	le simoun
les autans	le siroco
le khamsin	la tramontane
le mistral	les vents alizés
les moussons	les vents étésiens.

Quelques-uns des noms des vents ci-dessus s'écrivent toujours avec la majuscule lorsqu'ils figurent sous la dénomination que leur donnaient les Latins. On sait que les anciens personnifiaient les vents, que les peintres leur donnaient des ailes :

l'Africus	l'Eurus
l'Aquilon	Favonius
l'Auster	Notus
Borée	Zéphire.

§ XXXI. On doit écrire avec majuscule tout nom ajouté à une dénomination propre de ville, de monument, soit que ce nom ait été donné pour le distinguer d'un autre nom de ville, d'un autre monument portant le même nom, soit pour rappeler l'idée du lieu où ces monuments ont été élevés.

Bar-le-Duc
Choisy-le-Roi
Fontenay aux Roses
Villeneuve-le-Comte

---

(1) Voir le sommaire précédant la liste des mots qui offrent des difficultés pour l'orthographe, page 72.

2.

> l'église Saint-Germain des Prés
> l'église Sainte-Marie aux Neiges
> l'église Sainte-Marie des Fleurs

Remarquez, dans le premier exemple ci-dessus, Bar-le-Duc, l'article *le* écrit avec la minuscule devant un nom propre. Dans tous les cas semblables, c'est une règle qui ne varie jamais.

§ XXXII. Les articles *le, la, les, du, de la, des*, devant un nom propre de ville, s'écrivent avec la minuscule. Il en est de même lorsque ces noms sont employés comme noms de rue :

l'Argentière	le Havre
les Andelys	le Mans
le Caire	la Mecque
la Flèche	le Puy
la Havane	la Rochelle

Même règle pour les noms d'hommes, sauf quelques exceptions :

d'Anville	la rue de l'Écluse
la Bruyère	le comte de la Guiche
le Camoens	le duc de Guise
la marquise du Châtelet	Pic de la Mirandole
le Cid	le prince de la Paix
le Dominiquin	Peveril du Pic
l'abbé de l'Épée	Tallemant des Réaux
le comte de l'Escalopier	le Tintoret
Pierre des Essarts	Juvénal des Ursins
la rue de la Bruyère	le duc de la Victoire.

§ XXXIII. Dans les noms propres latinisés, l'article *la* disparaît.

Quand le savant la Ramée eut latinisé son nom, il signa toujours *Ramus*.

Lorsque Charles la Rue inscrivit son nom sur le titre des œuvres de Virgile qu'il a traduites en prose latine, il écrivit *Carolus Ruæus*.

C'est en se conformant à cette règle que le célèbre helléniste Boissonade, dans sa traduction latine des fables grecques de Babrias, citant très-souvent le nom de la Fontaine latinisé, écrit toujours *Fontainius*.

§ XXXIV. Les titres honorifiques qu'on donne aux empereurs, aux rois, aux impératrices et aux reines, s'écrivent toujours avec la majuscule. On dit en leur parlant :

Votre Majesté, Vos Majestés.

Et en parlant d'eux :

Sa Majesté, Leurs Majestés.

Il en est de même pour les titres donnés au souverain pontife, aux princes de l'Église, aux membres des familles royales, impériales :

Sa Sainteté, *en parlant* du pape
Son Éminence   —   d'un cardinal
Sa Grandeur   —   d'un évêque
Son Altesse   —   d'un prince impérial, royal.

§ XXXV. Les noms communs *autocrate, empereur, czar, roi, reine, sultan, pape, évêque, prince,* qui figurent ordinairement après les titres énumérés ci-dessus, s'écrivent avec la minuscule.

Sa Majesté l'empereur Napoléon III
Sa Majesté la reine d'Angleterre
Sa Majesté le czar, l'autocrate de toutes les Russies
Sa Majesté le sultan Abdul Medjid
Sa Sainteté le pape Pie IX
Son Éminence le cardinal de Retz
Sa Grandeur l'évêque de Marseille
Son Altesse l'électeur de Saxe.

§ XXXVI. Par une conséquence naturelle, les adjectifs employés dans le même sens que les substantifs dont ils sont formés doivent, comme eux, s'écrire avec minuscule. Ainsi, comme on écrit avec raison sans majuscule les mots *empereur, roi,* dans les exemples ci-dessous :

Sa Majesté l'empereur
Sa Majesté le roi
Sa Majesté la reine

on doit écrire aussi :

> Sa Majesté impériale
> Son Altesse royale

parce que dans ces cas-là les adjectifs *royal, impérial,* ne constituent pas un titre *particulier* au souverain auquel il est appliqué, comme dans ces exemples :

> Sa Majesté Catholique, la reine d'Espagne
> Sa Majesté Fidèle, le roi de Portugal
> Sa Majesté Britannique, la reine d'Angleterre.

§ XXXVII. Le nom sous lequel un ordre monastique, civil ou militaire est institué, s'écrit toujours avec la majuscule :

> l'ordre { de l'Incarnation
> de la Visitation
> de la Jarretière.

§ XXXVIII. Les ordres religieux sont ordinairement désignés par le nom du saint sous l'invocation duquel ils ont été fondés, quelquefois aussi par celui de la montagne où ils ont été institués. Dans ce cas, les mots *Saint, Sainte, Mont,* s'écrivent toujours avec la majuscule et prennent le trait d'union :

> l'ordre de Saint-Benoît
> la congrégation de Saint-Lazare
> l'ordre du Mont-Carmel
> la réforme de Sainte-Thérèse.

§ XXXIX. Pour ne pas commettre d'erreur dans l'application de la règle ci-dessus, il faut, avant d'écrire les mots *Saint, Sainte, Mont* avec la majuscule, être bien certain qu'il s'agit d'un ordre monastique, civil ou militaire, attendu que, la plupart du temps, les mots *ordre, règle, réforme, congrégation,* sont sous-entendus dans la phrase. Ainsi on écrit ordinairement : *l'abbé du Mont-Cassin,* pour dire : l'abbé de l'ordre du Mont-Cassin ; *prendre le voile de Sainte-Claire,* pour dire : entrer dans l'ordre de religieuses fondé par sainte Claire ; *prendre l'habit de Saint-François,* pour dire : entrer dans l'ordre fondé par saint François ; *un enfant de Saint-François, de Saint-Ignace,* pour dire : un franciscain, un jésuite.

§ XL. Les noms des animaux ou monstres imaginaires dont il est fait mention dans la Fable ou ailleurs forment deux classes distinctes.

Les uns sont considérés comme noms propres, parce qu'ils éveillent par analogie l'idée du fait particulier auquel ils se rattachent, et s'écrivent toujours avec la majuscule :

> Cerbère
> Charybde
> la Chimère
> les Gorgones
> le Léviathan
> la Méduse
> le Minotaure
> le serpent Python
> le Sphinx (1)
> la Tarasque.

Les autres sont passés à l'état de noms communs, et s'écrivent avec la minuscule :

> un basilic
> un griffon
> un hippocentaure
> une hydre
> un lynx
> un onocentaure
> un phénix.

§ XLI. Tout nom patronymique, c'est-à-dire formé du nom d'un chef de race, et donné à ses descendants, s'écrit avec la majuscule lorsqu'il est employé substantivement :

> les Abbassides
> les Capétiens
> les Mérovingiens
> les Gaznévides

(1) En termes de sculpture, ce mot est employé comme nom commun. On représente toujours les sphinx couchés sur le ventre, les jambes de devant étendues, la tête droite. Un sphinx de bronze, un sphinx de marbre.

les Sassanides
les Seldjoucides.

La dynastie des Sassanides fut détruite par Omar en 651. Les Capétiens ont régné depuis 987 jusqu'en 1328.

§ XLII. Les noms des dynasties conservent la majuscule lorsqu'ils sont précédés du nom du peuple sur lequel ces dynasties ont régné :

les Francs Mérovingiens
les Turcs Osmanlis
les Turcs Gaznévides
les Turcs Seldjoucides
les Perses Sassanides.

§ XLIII. Mais, lorsque les noms patronymiques sont employés adjectivement, ils s'écrivent avec la minuscule :

les califes abbassides
la race capétienne
écriture caroline
la dynastie mérovingienne
la dynastie bourbonienne
la dynastie napoléonienne.

§ XLIV. Lorsque les noms de deux peuples ne formant qu'un seul corps de nation sont réunis, ils s'écrivent l'un et l'autre avec la majuscule :

Les Volces étaient une nation gauloise de la première Narbonnaise, divisée en Volces Tectosages et Volces Arécomiques. Ils occupaient la plus grande partie du Languedoc. Toulouse était la capitale des Tectosages, et Nîmes celle des Arécomiques.

Le sultan accueillit avec bonté le prince qui venait plaider la cause et défendre les intérêts des Moldaves Valaques.

§ XLV. Les deux majuscules sont nécessaires lorsque les deux noms sont joints par un trait d'union :

les Anglo-Saxons
les Gallo-Grecs
les Moldo-Valaques.

Employés adjectivement, ils s'écrivent avec la minuscule :

> la côte leuco-syrienne
> écriture anglo-normannique
> écriture normanno-saxonne
> écriture franco-tudesque.

§ XLVI. Dans les dénominations de peuple exprimées par deux mots, il est d'usage d'écrire le second avec la minuscule lorsqu'il est pris comme simple qualificatif. Mais cette règle est loin d'être absolue, attendu que, dans beaucoup de cas, il faut écrire avec la majuscule le second mot d'une dénomination lors même qu'il est employé adjectivement, comme dans cet exemple : *les Arabes Bédouins.* Ce n'est pas tout : ces mêmes dénominations de peuple, consignées dans les auteurs latins et écrites contrairement à nos règles, viennent encore compliquer la difficulté. De là les dissentiments, de là les tribulations des correcteurs.

Il n'est pas besoin de rappeler ici qu'il y a en latin une règle positive d'après laquelle tout adjectif formé d'un nom d'homme, d'empire, de ville, de contrée, de fleuve, de montagne, s'écrit, sauf quelques exceptions, avec la majuscule (1). Comme cette règle diffère essentiellement de la règle en usage en français, toute la difficulté est de savoir dans quel cas tel adjectif est pris comme nom propre, et dans quel autre il n'est que simple qualificatif :

> Apparent rari nantes in gurgite vasto :
> Arma virûm, tabulæque, et *Troia* gaza per undas.

---

(1) O felix una ante alias Priameia virgo !

> Passim Trojana juventus
Circumfusa ruit.

> Urbs antiqua fuit, Tyrii tenuere coloni,
> Carthago, Italiam contra, Tiberinaque longe
Ostia.

> Omnis humo fumat Neptunia Troja.

> O Danaûm fortissime gentis
> Tydide, mene *Iliacis* occumbere campis
> Non potuisse!
>
> Panduntur portæ, juvat ire, et *Dorica* castra
> Desertosque videre locos.

Cela est conforme à la règle latine. Dans les exemples qui suivent, nous écrivons avec la minuscule, d'après la règle française, les mêmes mots *troyen, champs phrygiens, camp français*, pris dans la même acception que dans le latin :

ULYSSE.
Ah! seigneur, est-ce ainsi que votre âme attendrie
Plaint le malheur des Grecs, et chérit la patrie?
ACHILLE.
Dans les champs *phrygiens* les effets feront foi
Qui la chérit le plus ou d'Ulysse ou de moi.

J'aurais trop de regrets si quelque autre guerrier
Au rivage *troyen* descendait le premier.

Sous les murs de Sébastopol, le camp *français* n'était séparé du camp *russe* que par la vallée de la Tchernaïa.

Relativement aux adjectifs employés comme noms propres, les deux règles devaient nécessairement être d'accord :

Arabia Petræa, l'Arabie Pétrée
Arabicus sinus, le golfe Arabique
Erythræum mare, la mer Rouge
Euxinum mare, la mer Hospitalière (1)
Jupiter Pythius, Jupiter Pythien

Phrygia Torrida, la Phrygie { Brûlée ou Catakékaumène.

Nous consignons ici quelques dénominations de peuple écrites, selon l'usage, avec les deux majuscules :

les Bituriges Cubes
les Bituriges Vibisques

---

(1) Ainsi appelée par antiphrase; on la nomme plus ordinairement le Pont-Euxin ou la mer Noire.

les Goths Gépides
les Tartares Bachkirs
les Tartares Kirghiz
les Tartares Usbecks
les Tartares Mandchoux
les Tartares Tongouses.

Les Aulerces, peuple de la Gaule, formaient quatre nations distinc
tes : les Aulerces Brannovices, près de la Loire dans la première
Lyonnaise ; 2° les Aulerces Cénomans, dans la troisième Lyonnaise ;
3° les Aulerces Diablintes, dans la troisième Lyonnaise ; 4° les Aulerces Éburovices, dans la deuxième Lyonnaise.

§ XLVII. Cependant, lorsque, dans une dénomination de
peuple exprimée par deux mots, le second n'est qu'un simple
adjectif servant à indiquer la position qu'occupait ce peuple
en deçà ou au delà d'un fleuve ou d'une chaîne de montagnes,
il s'écrit avec la minuscule :

les Gaulois cisalpins
les Gaulois transalpins
les Gaulois cispadans
les Gaulois transpadans.

§ XLVIII. Lorsque les adjectifs ci-dessus sont employés substantivement, ils prennent la majuscule :

les Cisalpins
les Transalpins
les Cispadans
les Transpadans.

§ XLIX. Enfin on doit écrire avec la minuscule tout qualificatif lorsqu'il ne sert qu'à désigner l'État, la province où quelqu'un est né :

les Américains { boliviens
canadiens
chiliens
péruviens,

ou bien lorsqu'il désigne la puissance à laquelle un peuple
est soumis :

les Arméniens { russes
turcs

les Américains { anglais / espagnols / français

les Cosaques { russes / turcs.

Les Polonais russes occupent les provinces bornées à l'est par les monts Krapaks. Les Polonais prussiens occupent les provinces de Posen ou de Posnanie qui formaient autrefois un palatinat de l'ancienne Pologne.

§ L.   Dans le latin, les noms propres employés dans le sens métaphorique conservent la majuscule :

Bacchus amat colles, Aquilonem et frigora taxi.

Bacchus est mis là pour *vitis*.

. . . . . Multo celebrant convivia Baccho.

Baccho, mis pour *vino*.

Dant famuli manibus lymphas, Cereremque canistris
Expediunt.

Cererem, mis pour *panem*.

Accendamque animos insani Martis amore.

Martis, pour *belli*.

Cujus ab alloquiis anima hæc moribunda revixit,
Ut vigil infusa Pallade flamma solet.

Pallade, pour *oleo*.

Manet sub Jove frigido
Venator, teneræ conjugis immemor.

Sub Jove frigido, pour *tempestate frigida, sub dio* (1).

---

(1) Cependant on doit écrire avec la minuscule le mot *venus* dans ce vers de Juvénal :

Quas habeat veneres aliena pecunia nescis.

CHAPITRE II.

DES ADJECTIFS.

___

**DES ADJECTIFS EMPLOYÉS COMME SIMPLES QUALIFICATIFS
ET COMME SURNOMS.**

§ I. Tout adjectif s'écrit avec une minuscule lorsqu'il est employé comme simple qualificatif :

>   palais abbatial
>   majesté royale
>   puissance divine.

§ II. L'adjectif formé d'un nom d'homme, de ville, d'empire, de province, s'écrit avec la minuscule lorsqu'il est employé comme simple qualificatif :

>   le rivage troyen
>   le chant grégorien
>   l'architecture gothique
>   les champs phrygiens
>   l'école byzantine
>   phalange macédonienne.

§ III. L'adjectif, dans les conditions ci-dessus, s'écrit avec la majuscule lorsqu'il est employé substantivement :

>   les Asiatiques, les Européens,
>   un Parisien, une Française, un Breton,
>   L'hymen, chez les Romains, n'admet qu'une Romaine.

On le rencontre placé tantôt avant, tantôt après le nom qu'il modifie :

>   le Carthaginois Hannon
>   Sforza, Italien de naissance.

§ IV.   Les adjectifs employés substantivement comme ceux-ci-dessus sont souvent accompagnés d'un adjectif qui les modifie, et il arrive quelquefois qu'au lieu de figurer comme de véritables substantifs, ils ne sont, en réalité, employés qu'adjectivement; dès lors ils s'écrivent l'un et l'autre avec la minuscule :

> un noble vénitien
> un savant allemand,

soit qu'on veuille dire un noble né à Venise, un savant né en Allemagne, ou bien un Vénitien appartenant à la noblesse de Venise, un Allemand rempli de science et d'érudition.

§ V.   Lorsque la nature du substantif et de l'adjectif est clairement déterminée, il n'y a plus de doute pour l'emploi de la majuscule ; on écrira :

> un illustre Irlandais
> un riche Américain.

§ VI.   Dans un titre d'ouvrage et dans toute dénomination propre, l'adjectif ou le participe qui suit le substantif et qui le modifie s'écrit avec la minuscule :

> *la Gazette universelle allemande*
> *les Précieuses ridicules*
> *la Jérusalem délivrée*
> *les Lettres persanes*
> *le Paradis perdu*
> l'ordre du Mérite civil
> l'auberge du *Cheval blanc*
> l'hôtel du *Soleil levant*.

§ VII.   Quand l'adjectif précède, il s'écrit avec la majuscule :

> *la Divine Comédie*
> *les Deux Gendres*
> *les Fausses Confidences*
> *la Jeune Femme colère*
> *l'Ancien Testament*
> *la Nouvelle Héloïse*.

§ VIII.   L'adjectif *saint* s'écrit toujours avec une minuscule lorsque, suivi d'un substantif qu'il qualifie, il ne sert qu'à exprimer l'idée de sainteté :

> saint Martin
> saint Michel.

Mais le mot *Saint* s'écrit avec la majuscule, et se joint par un trait d'union au substantif qu'il modifie, lorsqu'il forme avec ce dernier une dénomination propre d'homme, de monument :

> le duc de Saint-Simon
> l'église de Saint-Pierre
>
> la porte Saint-Martin
> le mont Saint-Michel.

Cependant si, par les deux dernières dénominations *porte Saint-Martin*, *mont Saint-Michel*, on n'entend nullement parler d'une porte, ni d'un mont; qu'au contraire on veuille désigner un théâtre, une prison d'État, alors les noms communs *mont*, *porte*, doivent s'écrire avec la majuscule et le trait d'union :

> le théâtre de la Porte-Saint-Martin
> les prisonniers du Mont-Saint-Michel (1).

§ IX.   Lorsque, dans un titre d'ouvrage, le substantif est modifié par un adjectif, ces deux mots restent invariables au pluriel :

> Il a acheté deux ⎰ Nouveau Testament
> Nouvelle Héloïse
> Paradis perdu
> Jérusalem délivrée

Comme on le voit, le mot *exemplaires* est sous-entendu dans ces exemples.

Mais, pour l'exemple particulier qui suit, l'emploi du mot

---

(1) Dans une dénomination d'homme, de ville, de localité, le mot Saint ne s'abrége jamais.

exemplaire est indispensable pour que la phrase n'ait rien de choquant :

Il a acheté deux exemplaires de l'*Annuaire général*,

parce qu'on ne peut pas dire : Il a acheté deux *Annuaire général*, encore moins *deux Annuaires généraux*.

§ X. L'adjectif s'écrit toujours avec la majuscule lorsque, formé d'un nom propre, il est appliqué à un monument, soit pour éterniser un souvenir, soit pour rappeler le nom du fondateur ou le personnage en l'honneur duquel ce monument a été érigé :

la bibliothèque Mazarine
la chapelle Sixtine
la colonne Trajane
la cité Léonine
le mont Tarpéien
le musée Clémentin.

Dans les autres cas, l'adjectif, bien que formé d'un nom propre, s'écrit avec la minuscule :

alphabet cadméen
danse pyrrhique
édition elzévirienne
écriture mérovingienne
langue sémitique
ligue achéenne
légion thébaine
guerre mithridatique
monnaie parthe.

§ XI. Lorsque l'adjectif, n'étant plus considéré comme simple qualificatif, est employé comme nom propre et donné comme tel à une province, à une mer, à une île, à un golfe, etc., etc., il s'écrit toujours avec la majuscule :

la mer { Jaune / Morte / Rouge

la Russie ⎰ Blanche ⎱ Grise ⎰ Noire

le golfe Persique, les îles Ioniennes, le mont Blanc,
le lac Majeur, le lac Supérieur, en Amérique,
la porte Dorée, à Jérusalem.

De même, on écrit toujours avec la majuscule les adjectifs sui-
vants, parce qu'ils sont employés comme surnoms :

Cérès Éleusinienne
Cybèle Pessinuntienne

Apollon ⎰ Amycléen ⎱ Pythien

Diane ⎰ Brauronienne ⎰ Taurique ⎱ Tauropole

Junon ⎰ Cithéronienne ⎱ Lacinienne

Jupiter ⎰ Hospitalier ⎰ Idéen ⎰ Lycéen ⎱ Tonnant

Isis Thesmophore.

§ XII.   Rien n'est si fréquent que de rencontrer un nom
d'État, de contrée, de province, modifié par un adjectif; toute
la difficulté consiste à savoir si ce qualificatif doit s'écrire avec
la majuscule ou avec la minuscule.

Nous établissons en principe que tout adjectif qui n'est pas
employé comme nom propre doit s'écrire avec la minuscule.

L'adjectif s'écrit avec la minuscule lorsque, formé d'un nom
d'empire, de ville, de contrée, il n'est employé que pour indiquer à quel peuple, à quelle nation, cet État, cette contrée
appartiennent :

l'empire ⎰ romain ⎰ français ⎱ germanique

<table>
<tr><td>les États</td><td>{</td><td>autrichiens
prussiens
romains</td></tr>
</table>

<table>
<tr><td>la Flandre</td><td>{</td><td>française
autrichienne
hollandaise</td></tr>
</table>

<table>
<tr><td>la Pologne</td><td>{</td><td>autrichienne
prussienne
russe</td></tr>
</table>

l'Asie ottomane, la Gaule gothique, la Guyane française, l'Inde anglaise, la Turquie asiatique.

§ XIII. L'adjectif, modifiant un nom d'État, de province, s'écrit avec la minuscule lorsqu'il ne sert qu'à déterminer la position de cet État, de cette province, au nord, au sud, etc , d'un autre État, d'une autre province :

<table>
<tr><td>l'Amérique</td><td>{</td><td>septentrionale
méridionale</td></tr>
</table>

<table>
<tr><td>l'Europe</td><td>{</td><td>orientale
centrale
occidentale
continentale</td></tr>
</table>

<table>
<tr><td>l'Italie supérieure
ou
la haute Italie</td><td>{</td><td>c'est-à-dire l'Italie septentrionale.</td></tr>
</table>

<table>
<tr><td>l'Italie inférieure
ou
la basse Italie</td><td>{</td><td>c'est-à-dire l'Italie méridionale.</td></tr>
</table>

§ XIV. L'adjectif s'écrit encore avec la minuscule lorsqu'il sert à indiquer la position d'un État, d'une contrée, d'une province, en deçà, au delà d'une ville, d'un fleuve ou d'une chaîne de montagnes :

la Bourgogne cisjurane
la Bourgogne transjurane

l'Inde transgangétique
l'Inde transoxiane

l'Abruzze
- citérieure
- ultérieure première
- ultérieure seconde

la Gaule
- cisalpine ou citérieure
- cispadane
- subalpine
- transpadane
- transalpine ou ultérieure (1).

Au démembrement de l'empire de Charlemagne, l'ancien royaume de Bourgogne se divisa en trois parties : Bourgogne cisjurane, Bourgogne transjurane et le duché de Bourgogne.

Ce conquérant, enivré de la victoire qu'il venait de remporter sur des ennemis jusque-là invincibles, persuadé qu'il fallait profiter de la terreur qu'inspirait son nom, fit avancer ses armées, et arriva le lendemain sur les confins de l'Inde transgangétique.

Les Liguriens, que l'on croit Ibères d'origine, avaient habité dans l'Espagne et dans la Gaule, avant de s'établir sur la côte méridionale de la Gaule cisalpine.

PERSONNIFICATIONS.

§ XV.   On doit toujours écrire avec une majuscule le nom d'une chose inanimée ou métaphysique lorsqu'on lui attribue la figure, les sentiments, le langage d'une personne réelle.

La Mollesse oppressée
Dans sa bouche, à ces mots, sent sa langue glacée ;
Et lasse de parler, succombant sous l'effort,
Soupire, étend les bras, ferme l'œil et s'endort.

La plaintive Élégie, en longs habits de deuil,
Sait, les cheveux épars, gémir sur un cercueil ;
Elle peint des amants la joie et la tristesse,
Flatte, menace, irrite, apaise une maîtresse.

---

(1) Lorsque les adjectifs *cisalpine*, *cispadane*, *transalpine*, *transpadane*, sont employés substantivement, ils s'écrivent avec la majuscule :

les peuples de la
- Cisalpine
- Cispadane
- Transpadane
- Transalpine.

On voit sur cette médaille l'Abondance debout devant un autel, tenant une patère et la corne.

De chaque côté de la porte on remarque deux bas-reliefs dus au ciseau de M. Moreau. Ils représentent : l'un, la Loi et la Justice ; l'autre, le Commerce et l'Industrie entourés des attributs de l'agriculture.

L'arc de triomphe de l'Étoile est un poëme en quatre chants. Dans le premier, *le Départ*, le Génie de la guerre jette le cri *Aux armes !* et montre de l'épée la frontière envahie..... Dans le troisième, *la Résistance*, le Génie de l'avenir plane au-dessus du groupe encourageant le jeune homme au combat.

PENDENTIFS DU PANTHÉON.

La Gloire reçoit dans ses bras l'empereur Napoléon. L'aigle emporte la couronne mortelle que le héros vient de lui abandonner.

La Victoire pleure le vainqueur de Marengo et d'Austerlitz.

La Religion, accompagnée de la Vérité, montre le ciel à Napoléon, et lui indique l'autre immortalité qui l'attend (1).

---

(1) Voir, au relevé général, page 39 les mots Aurore, Envie, Mort, Occasion, Sommeil.

DIVISIONS ÉTYMOLOGIQUES.

Les opinions sont partagées relativement à la manière de diviser les mots à la fin des lignes. Nous exposons ici en deux mots notre système, sans avoir la prétention de le faire prévaloir ; mais nous devons dire que nous n'avons jamais pu nous résoudre à adopter un système dans lequel les exceptions sont plus nombreuses que les règles ; de sorte que nous avons toujours trouvé meilleure et préférable la manière de diviser les mots d'après l'épellation *française.*

Nous divisons donc ainsi :

circons-pection   cons-terner

ins-truction   manus-crit.

« Mais l'étymologie ! » — L'étymologie ? il ne nous est pas possible d'en tenir compte *dans le français :* premièrement, à cause des *e* ouverts qu'il faut nécessairement prononcer comme des *e* muets à la fin d'une ligne ; comme dans

de-scription   pre-science.

Secondement, à cause des *é* à la fin d'une ligne avec un accent que rien ne justifie, comme dans

hiér-archie   prétér-it.

« Mais vous remontez le fleuve, vous serez entraîné. » — Du tout : nous le descendons au contraire, et nous le descendons en compagnie même de ceux de nos confrères qui partagent le moins notre opinion ; car, contrairement à leur système, ils sont obligés d'écrire comme nous, c'est-à-dire, comme tout le monde, la liste interminable des mots que voici :

Bonnes divisions.		*Mauv. divis. étymologiques.*
anto-nomase	*au lieu de*	ant-onomase
chi-rurgie		chir-urgie
cho-rége		chor-ége
des-cription		de-scription
dé-sunir		dés-unir
hié-rarchie		hiér-archie
hy-pètre		hyp-ètre
mé-thode		méth-ode

Bonnes divisions.		*Mauv. divis. étymologiques.*
mo-narque	*au lieu de*	mon-arque
na-varque		nav-arque
obla-tion		ob-lation
pali-nodie		palin-odie
pé-nultième		pén-ultième
pé-ninsule		pén-insule
Phi-lippe		Phil-ippe
pres-cription		pre-scription
prété-rit		prétér-it
pres-cience		pre-science
pro-sodie		pros-odie
pro-sélyte		pros-élyte
pseu-donyme		pseud-onyme
rap-sode		raps-ode
rec-tangle		rect-angle
ré-demption		réd-emption
stra-tégie		strat-égie
su-bir		sub-ir
thauma-turge		thaumat-urge
téles-cope		téle-scope
vi-naigre		vin-aigre
etc., etc.		etc., etc.

On peut cependant admettre une exception ; mais elle n'est applicable qu'à un petit nombre de mots, et ne peut avoir lieu que lorsque le mot ainsi divisé n'a rien de choquant pour l'œil, ni pour la prononciation.

anti-sporadique	anti-scorbutique
anti-psorique	péri-pneumonie
péri-style	atmo-sphère.

Pour la division des mots dans le latin, nous nous sommes conformé au système généralement suivi par tous les savants, en France comme en Allemagne.

Nous divisons ainsi :

con-scendit	co-gnomen
maje-stas	consum-ptus
perfe-ctus	irre-psit.
re-spondit	

Exceptions à la règle qui précède.

abs-cedit
abs-cisum
abs-condit
abs-temius
abs-tersit
abs-tinentia
abs-traxit
abs-trudit
abs-tulit
blas-phemia
Dios-curi
dis-calceatus
dis-cessit
dis-crevit
dis-cerpsit
dis-cingit
dis-cludit
dis-color
dis-convenit
dis-coopertus
dis-cordia
dis-crucio
dis-cubuit
dis-currit
dis-jecit
dis-junctus
dis-perditus
dis-peream
dis-pertitur
dis-pescuit
dis-plicuit
dis-plosus
dis-positio

dis-pulsus
dis-punctio
dis-quirere
dis-terminans
dis-terere
dis-texere
dis-torquet
dis-tractus
dis-tulit
dis-turbans
fructus-que
hos-ce, has-ce
juris-prudens
jus-jurandum
nobis-cum
obs-curus
obs-tinens
per-hibuit
quas-cumque
quibus-cumq.
sub-limis
sub-sidium
sus-cepit
sus-citans
sus-pendit
sus-tinuit
sus-tulit
trans-actum
trans-fretavit
trans-positus
trans-tulit
trans-vexit
vobis-cum

RELEVÉ GÉNÉRAL

DES MOTS QUI OFFRENT DES DIFFICULTÉS

POUR L'EMPLOI

DES LETTRES MAJUSCULES ET MINUSCULES (1).

A

Abbassides (dynastie des).
abbassides (califes).
aborigènes (les).
Académie, jardin près d'Athènes, où se réunissaient les philosophes.
Académie française, l'Académie des inscriptions et belles-lettres, l'Académie des sciences, etc. ; l'Académie des jeux Floraux.
Académie de Marseille, de Caen, de la Crusca.
académie (les membres d'une).
académie, se dit des divisions de l'université de France. L'académie de Paris. Le recteur d'une académie.

Acamantide (la tribu).
Achille aux pieds légers.
acropole de Thèbes.
acropole de Sunium.
Acropole, nom d'un quartier d'Athènes.
*acropole d'Athènes.
Actes des apôtres.
administration des postes.
Adonis (c'est un).
adonis, sorte de renoncule.
adonis, danse chez les Grecs.
Adriatique (la mer).
*affaires étrangères (ministère des).
Africus, vent du sud-ouest.
Agneau (l') divin ; Agneau sans tache, Jésus-Christ.
agneau pascal, l'agneau que mangeaient les Juifs à Pâques.

(1) Dans ce relevé, nous ne donnons la signification d'un mot que lorsqu'il est pris dans deux acceptions diverses.

Agnès (jouer les).
*agora, place publ. d'Athènes.
Aguesseau (d').
Aigle (constellation de l').
aigle (l') de Meaux, Bossuet.
Albane (l').
*albigeois (les), sectaires.
Albigeois, né à Albi.
Alembert (d').
alicante (boire de l').
Alicante (vin d').
allée des Veuves (il demeure).
allée de l'Observatoire.
Allégorie (l') habite un palais
    diaphane.
Allemand (il est).
Allemand (il est né).
Allemand (il s'est fait natura-
    liser).
allemand (un savant, un noble).
Alliance (armées de la Sainte-).
allobroge (c'est un), c.-à-d. un
    rustre.
Allobroges (les), nom de peu-
    ple.
Alpes Carniques.
   —   Cottiennes.
   —   Lépontines.
   —   Juliennes.
   —   Pennines.
   —   Rhétiques.
alpha (l') et l'oméga, le com-
    mencement et la fin.
Alpha et l'Oméga (je suis l'), a
    dit le Dieu, principe et terme
    de toutes choses.
Altesse impériale (Son).
    ou S. A. I.
Altesse impériale (Votre).
Altesse royale (Son).
Altesse royale (Votre).
Altesse sérénissime (Votre).
Altesse sérénissime (Son).
Altesse électorale (Votre).
Altesse électorale (Son).
Altesse (prendre le titre d').
altesse à quelq. (donner de l').

Amaryllis (tu chantes ton).
amaryllis, plante ; papillon.
amazones (combat des).
Amazones (rivière des).
Ambrosienne (bibliothèque), à
    Milan.
Amis (îles des).
Amours (peindre des).
Ancien (Caton l').
Ancien des jours (l'), Dieu.
Anciens (conseil des).
*ange des ténèbres, le diable.
Ange (l') de l'école, saint Tho-
    mas d'Aquin.
Angelus (dire l').
angleterre (de l'), dentelle.
annales de France.
*annales ecclésiastiques.
Annales de Tacite.
annonciade (une), religieuse.
Annonciade (couvent de l').
Annonciade (religieuse de l'or-
    dre de l').
antechrist, ennemi de Jésus-
    Christ.
Antechrist (l'), l'imposteur qui
    cherchera, dans les derniers
    temps, à établir une religion
    opposée à celle de J. C.
Anti-Liban.
Antilles (les *petites).
Antilles (les *grandes).
Anti-Taurus.
Antonine (la colonne).
Apollon Musagète, Apollon
    Sminthée, Apollon du Bel-
    védère, Apollon Secourable.
Apostat (Julien l').
apôtres (les princes des), pour
    dire saint Pierre et saint
    Paul.
Apôtre (l'), pour dire saint
    Paul.
Appienne (la voie).
arabe ; — c'est un arabe, un
    créancier dur.
Arabes (les), n. de peuple.

Arabie Déserte, l'Arabie Heu-
reuse, l'Arabie Pétrée.
Arabique (le golfe).
arc de Constantin.
arc de triomphe de l'Étoile.
Archipel (les îles de l'), la mer
Égée.
archipel du Mexique.
Archives (les) de l'empire.
archives des ministères.
Ardents (sainte Geneviève des).
*arènes (visiter les).
Arènes (les), théâtre de Paris.
*aréopage (les membres de l').
Aréopagite (Denys l').
Argonautes (les).
Argus (avoir des yeux d');
c'est un Argus.
argus, papillon; faisan.
Arioste (l').
Aristarque (c'est un); nos mo-
dernes Aristarques.
Arménie (la *grande).
Arménie (la *petite).
*arméniens, chrétiens schis-
matiques d'Arménie.
Arméniens, habitants de l'Ar-
ménie.
Artaxerce Longue-main.
Arts et métiers (employé aux).
arts et métiers (Conserv. des).
ascension de Jésus-Christ.
Ascension (le jour de l').
Ascension (le tableau de l').
Asie Mineure.
*assemblée constituante.
*assemblée législative.
assemblée des notables, du
clergé.
assomption de la sainte Vierge.
Assomption (le jour de l').
Assomption (le tableau de l').
athénée, lieu de réunion des
rhéteurs et des poëtes à
Rome.
Athénée (l') de Paris.

Athénien d'origine (Apollodore
était); l'Athénien Apollodore.
Atlantique (l'océan).
Aubigné (d')
Aurore (l') aux doigts de rose;
les pleurs de l'Aurore. Dans
le sens figuré, on écrit ce
nom sans majuscule :
aurore (le lever de l'); avant
l'aurore.
Auster, vent du sud.
Ave (dire cinq *Pater* et cinq).
Aventin (le mont).
avenue des Champs-Élysées.
Aveugles (institution des).
Azymes (le jour des).

B

Bairam (cérémonie, fête du).
Balafré (Guise le).
Balance (signe de la).
Baléares (les îles).
*banque de France.
*barbares du Nord (les).
barége, étoffe de laine.
Barréges, village (bains de).
Barricades (la journée des).
barrière du Trône.
Barry (comtesse du).
Bartas (du).
bas Rhin, le bas Danube.
Bas-Rhin (le départ. du).
bas Languedoc, la basse Nor-
mandie, la basse Égypte;
un bas Breton, un bas Nor-
mand; parler le bas breton,
le bas allemand.
Bas-Empire, se dit de l'empire
romain et de l'emp. grec.
basses Alpes, celles qui sont
voisines de la Méditerranée.
Basses-Alpes (départ. des).
basses Pyrénées, celles qui
sont voisines de l'Océan.

Basses-Pyrénées (départ. des).
basse Seine, la haute Seine.
Bastille, anc. prison d'État.
bastille (il ne branle non plus
   qu'une).
Bède le Vénérable.
Bélier (le signe du).
Bellay (du).
Benjamin (vous êtes son).
Berthe aux grands pieds.
Bible polyglotte (*Voy.* Poly-
   glotte).
bibliothèque Ambrosienne, à
   Milan.
bibliothèque Bodléienne , à
   Oxford.
bibliothèque Laurentienne, à
   Florence.
bibliothèque Mazarine, à Paris.
*bibliothèque impériale.
Bien public (la ligue du).
Blanche (la mer).
Boccage (du).
bohémien , un vagabond.
Bohémien, hab. de la Bohême.
bois de Sainte-Lucie, cerisier.
Bollandistes (les).
bon-Henri, plante ; poire.
bordeaux (bouteille de).
Bordeaux (vin de).
Borée, vent du nord.
Bosphore Cimmérien.
bouche d'or (c'est un saint
   Jean), un homme franc.
bouches du Rhône (embou-
   chures).
Bouches-du-Rhône (dép. des).
*bourse (la), cours de la bourse ;
   clôture de la bourse.
Bouvier (constellation du).
Brandons (le dimanche des).
Brandons (depuis les) jusqu'à
   la Saint-Remi.
Bras de fer (Baudouin surnom-
   mé).
brésil du Japon ; sec comme
   brésil.

Byzantine (la), collection des
   auteurs byzantins.

C

cabinet des Tuileries.
cabinet de Saint-James.
Cabires (les), fils de Vulcain.
*caisse d'amortissement.
*caisse d'épargne.
Callippique (la période).
Cange (du Fresne du).
Cantique des cantiques.
cap Vert.
   — Blanc.
   — des Tempêtes.
Cap-Vert (îles du).
Capitolin. — Jupiter Capitolin,
   jeux Capitolins.
*capitolins (les fastes).
*capitulaires (les).
Capricorne (le signe du).
Capricorne, nom latin de Pan
   transformé en bouc.
capricorne, genre de scarabées.
Cassin (le mont).
Cassin (monastère , religieux
   du Mont-).
Castalides (les) ; surnom des
   Muses.
Catholique (le Roi), Sa Majesté
   Catholique, le roi d'Espagne.
Caton l'Ancien.
Caton, se dit d'un homme très-
   sage, ou qui affecte de l'être.
Caton (c'est un).
Caudines (fourches).
Céladon (faire le).
*celtique (la Gaule).
Celtique (les peuples de la).
Cendres (le jour des).
Cène du jeudi saint, la sain-
   te Cène. — Chez les protes-
   tants, faire la cène.
*cent-jours (pendant les).
centaures (le combat des).
centaure Chiron (le).

centimane Typhée (le).
Cent-Suisse (un).
cerbère. — C'est un cerbère,
  un portier brutal.
Cerbère. — La porte des enfers
  était gardée par Cerbère.
César (c'est un); histoire des
  douze Césars.
chaire de Saint-Pierre, l'évê-
  ché de Rome.
chambertin (boire du).
Chambertin (vin de).
*chambre des communes.
*chambre des députés.
*chambre des lords.
*chambre des pairs.
champ de mars, champ de
  mai, assemblées tenues aux
  mois de mars et de mai.
*champ de Mars, lieu con-
  sacré à des exercices milit.
champagne (bouteille de).
Champagne (vin de).
*champs Élysées, les champs
  Élysiens ou Élyséens, lieux
  où, selon les anciens païens,
  étaient reçues les âmes des
  hommes justes.
Champs-Élysées, à Paris.
chantre (le) de Vaucluse, Pétrarque.
Chapelle (la sainte), à Paris ;
  — la sainte Chapelle, à Dijon ; — la sainte Chapelle,
  à Bourges.
chapelle de Saint-Joseph.
Chariot (constell. du grand).
charité (dames de).
Charité (les sœurs de la), les
  frères de la Charité.
Charité (l'hôpital de la).
Charles le Téméraire.
charnier des Saints-Innocents.
* chartreuse (la grande).
Charybde en Scylla (de).
château des Tuileries.
Châtelet (le grand).

Châtelet (le petit).
Châtelet (marquise du).
Chersonèse Taurique, la Chersonèse Cimbrique, la Chersonèse d'Or.
Chimère (la), monstre fab.
Chine (imprimé sur papier de).
chine (imprimé sur).
Chrétien (le Roi Très-), Sa Majesté Très-Chrétienne, le roi
  de France.
christ, se dit d'une figure de
  Notre-Seigneur attaché à la
  croix. Une belle tête de
  christ ; un christ d'ivoire.
*ciel, pour Providence. Invo-
  quer le ciel ; arrêt du ciel.
Cinq-Cents (conseil des).
cirque (un).
Cirque (le) de Paris.
*cisalpine (la Gaule).
Cisalpine (les peuples de la).
cité céleste (peuples de la).
Cité (Jérusalem s'appelait la
  sainte).
clarisses, religieuses de Sainte-
  Claire.
Clarisses (l'ordre des).
claude, sot, imbécile.
Claudienne (la famille).
clefs de Saint-Pierre, se dit de
  l'autorité du saint-siége.
*code civil (le), *code pénal.
*code de procédure.
*code Justinien.
Code (dans tel article du).
*code Théodosien.
*code Napoléon.
code des lois.
code de l'honneur.
Codex (les formules du).
Cœur d'acier (le sultan sur-
  nommé).
collége Louis le Grand.
collége de la Sapience.
*collége de France.
collége des augures.

collége des pontifes.
*collége (le sacré).
collier de Saint-Michel, du Saint-Esprit.
Comédie française (la), ou le Théâtre-Français.
*comédie française (la), la troupe de comédiens de ce théâtre.
commission des Cinq.
— des Onze.
Committimus (lettres de).
Committitur (requête de).
*comptoir d'escompte.
comtat Venaissin, ou simplement
Comtat (le).
confession d'Augsbourg; la confession des Églises réformées.
congrès des États-Unis.
conseil des Anciens.
conseil des Cinq-Cents.
conseil des Dix.
conseil des Seize.
*conseil fédéral.
*concordat (le).
*confiteor (dire son).
confrérie des pénitents blancs.
confr. des pénitents bleus.
confr. du saint sacrement.
confrérie du Cordon.
congrégation de l'Oratoire.
congrégation des pères de la Doctrine chrétienne.
*congrégation du saint office.
— des *rites.
— de la *propagande.
— de l'*index.
Congrève (fusées à la).
Conquérant (Guillaume le).
Conservatoire de musique.
Conservatoire des arts et métiers.
constellation de l'Aigle, du Bouvier, du Cocher, de la petite Ourse, du grand Cha-

riot, du petit Lion, etc., etc.
*consulat (sous le).
continent (le nouveau).
*convention, se dit de certaines assemblées nationales formées pour établir une constitution. La constitution des États-Unis a été rédigée par une convention.
*convention nationale (la).
cordon de Saint-Bruno.
Cordon (confrérie du).
*corps législatif (le).
cortès constituantes (les).
Cosaques (les), peuple de l'Ukraine. Les Cosaques du Don.
cosaque, nom comm , (action, langage de cosaque).
cour de France.
cour de Rome
*cour d'assises.
*cour de cassation.
*cour des comptes.
*couronne (les ministres de la).
Créateur (le), Dieu.—Dieu est le créateur du ciel et de la terre.
Credo (chanter le).
Crésus (riche comme un).
*croissant, se dit absol. des armes de l'empire turc. Arborer la croix à la place du croissant.
Croissant (l'empire du).
*croix, se dit pour désigner la religion chrétienne. L'étendard de la croix.
Croix (les frères de la).
Croix de fer (l'ordre de la).
curaçao (verre de), liqueur qui doit son nom à l'île de Curaçao.
Curètes (les), fils de Jupiter.
curètes, prêtres d'Éphèse.
cygne de Cambrai, Fénelon.
cygne de Mantoue, Virgile.

D

damas cramoisi.
damas (ce sabre est un).
Damas (acier de).
Danaïdes (tonneau des).
danaïde, plante rubiacée.
danaïdes, papillons.
daphné des Alpes, sorte de clématite.
daphné, espèce de papillons de jour.
Dauphin (monseigneur le).
Dauphine (madame la).
Décalogue (les tables du).
Déesse. — La Bonne Déesse, pour dire Cybèle. C'est devant le temple de la Bonne Déesse que Clodius attaqua Milon.
Denys l'Ancien, Denys le Jeune
Denys l'Aréopagite.
Denys le Tyran.
Dépôt (ce titre émane du), pour dire du *dépôt de la guerre, ou du *dépôt de la marine.
Descente de croix (une).
Déserte (l'Arabie).
diable (les ruses du), les pompes de Satan.
dictionnaire de chimie (un).
dictionnaire de médecine (un).
Dictionnaire de l'Académie.
Dieu ; Jésus-Christ est Dieu-Homme et Homme-Dieu.
dieux (les) de la Fable.
dieu (vous êtes un).
dieu (parler comme un).
Digeste (les lois du).
Diogène le Cynique.
Dioscures (les), Castor et Pollux
Directoire (sous le).
Discorde, divinité de la Fable. La Discorde est représentée un flambeau à la main,

Dans le sens figuré, on écrit sans maj. : allumer le flambeau de la discorde.
divan du Grand Seigneur.
Divinité (la), c'est-à-dire Dieu.
divinité du Verbe.
divinités (les) du paganisme.
Dix (le conseil des).
dix (Léon). En prose, Léon X.
Docteur admirable (le), Roger Bacon.
Docteur angélique (le), saint Thomas.
Docteur des nations (le), saint Paul.
Docteur irréfragable (le), Alexandre de Hales.
Docteur invincible (le), Guillaume Ockam.
Docteur séraphique (le), saint Bonaventure.
Docteur subtil (le), Scot.
Doctrine chrétienne (les frères de la).
Dominations, les Trônes, les Puissances, ordres de la hiérarchie des anges.
Dominiquin (le).
don Juan, don Pedro; — dom Calmet, dom Vaissete.
douze (Louis), ou Louis XII.
Drap d'or (le camp du).
du Bartas.	du Bellay.
du Cange.	du Guesclin.
Dulcinée (aux pieds de sa).
Dunes (bataille des).
du Perron.
Dupes (la journée des).

E

échelles (les) du Levant.
Échelles (les), sens spéc.
Échiquier (chancelier de l').
École des chartes.
École de médecine.
École normale.

École polytechnique.
École des beaux-arts.
École impériale spéciale militaire.
École d'artillerie.
École de marine.
Écrevisse (le signe de l').
Écriture sainte, les saintes Écritures.
Éden, le paradis.
Égéide (la tribu).
église (bâtir une); l'orgue d'une église.
Église (l'assemblée des chrétiens en général); les commandements de l'Église, l'Église réformée, l'Église luthérienne, l'Église protestante, l'Église gallicane.
Église (les gens d'), homme d'Église; destiné à l'Église; se faire d'Église.
elbeuf (pantalon d').
Elbeuf, ville.
Éminence le cardinal (Son).
Éminence (s'il plaît à Votre).
Ém. (S.), V. Ém.
éminence à qq. (donner de l').
Empereur; s'est dit autrefois de l'empereur d'Allemagne.
*empire français.
*empire ottoman.
*empire romain.
empire du Croissant, l'empire turc.
empire des Lis, se disait autrefois de la France.
Empire, s'est dit de l'empire d'Allemagne.
empire (prince du saint-).
Empire (le Céleste), l'empire de la Chine.
Empire (le Bas-).
Empire (le Haut-), l'empire romain avant sa décadence.
Empyrée (les dieux de l').
empyrée (le ciel).

encyclopédie (une).
Encyclopédie de Diderot.
Enfant prodigue (parab. de l').
Enfants trouvés (les), hospice.
Envie (l'), déesse allégorique des Romains, fille du géant Pallas et de Styx. Ovide a décrit, dans ses *Métamorphoses*, la demeure de l'Envie. Dans le sens figuré ce nom, quoique personnifié, s'écrit avec la minuscule, comme dans cet exemple : Quand l'ingratitude acère les traits de l'envie, la plaie est doublement douloureuse.
Éperons (la journée des).
Épigones (la guerre des).
éponyme (archonte).
Érechthéide (la tribu).
esplanade des Invalides.
Esprit-Saint, Saint-Esprit, l'Esprit consolateur, l'Esprit vivifiant, l'Esprit de vérité.
*esprit (l') des ténèbres, le diable.
Essarts (des).
est-nord-est, ou E.N.E.
État (conseil d').
État (un coup d').
État (secrétaire d').
état civil.
état (le tiers).
état-major, états généraux.
États romains (les).
États-Unis (les).
Éternel (l'), Dieu.
Étoile (arc de triomphe de l').
Être (l') suprême.
Euménides, ainsi appelées par antiphrase, divinités infernales; les mêmes que les Furies.
Eurus, vent d'est.
Évangile, prêcher l'Évangile.
évangile (le côté de l').

évangile du jour (c'est l'); le
premier évangile est dit.
Évangile selon saint Marc.
Excellence (s'il plaît à Votre).
Excellence (j'ai écrit à Son).
Exc. (S.), V. Exc.
Excellence (prendre le titre d')

F

Fable (toutes les fables de l'antiquité païenne). La religion
des païens est fondée sur
la Fable ; les dieux, les divinités de la Fable.
*faculté de médecine, la faculté
de droit ; la faculté de Lyon,
la faculté de Montpellier,
de Nîmes.
Faculté. — On dit absolument
de la faculté de médecine :
les membres de la Faculté ;
on consulta la Faculté.
famille Claudienne.
Famille (tableau de la sainte).
Fatimites (dynastie des).
fatimites (califes).
faubourg Poissonnière.
Faubourg-Poissonn. (rue du).
Faune, ouvrage contenant la
description des animaux
d'un pays.
Favonius, vent d'ouest.
Cette pièce a pour titre : *les
Femmes savantes ;* cette
scène se trouve dans les
Femmes savantes. Les *Femmes savantes* furent repré-
sentées en 1672.
Fête-Dieu (la), la Fête du saint
sacrement.
fête (la) de saint Louis. Il vous
payera à la Saint-Louis.
fétiches (les dieux).
*février (révolution de).

filandières (les sœurs), pour
dire les Parques.
filles de Mémoire, pour dire les Muses.
filles (les) d'enfer, pour dire les
Furies.
Fille aînée des rois de France,
titre que prenait l'université
de Paris.
Fils de l'homme, Dieu le Fils,
Jésus-Christ.
Fils aîné de l'Église, qualifi-
cation donnée autrefois au
roi de France.
*finances (ministère des).
Flaminienne (la voie, la porte).
fleurs (le marché aux).
Fleurs (le quai aux).
Floraux (jeux).
Flore, description des plantes
d'une contrée.
florence (une robe de).
Foi (la), la Bonne Foi (myth.
lat.), déesse adorée dans le
Latium. Le temple de la
Bonne Foi.
Fortune, divinité païenne. La
statue de la Fortune ; temple de la Fortune. Par allusion au sens qui précède,
ce mot s'écrit sans majuscule
dans un grand nombre de
phrases figurées. On écrit :
la fortune est aveugle ; les
faveurs, les revers de la fortune ; la roue de la fortune.
Fortunées (les îles).
forum de Nerva.
Forum (luttes, orages du).
fourches Caudines.
fourches patibulaires.
François premier. — En prose,
François Ier.
frédéric, monnaie d'or.
frères (les) des Écoles chrétien-
nes ; les frères de la Doctrine

chrétienne; les frères prêcheurs; les frères de la Passion.
Fronde (le parti de la).
frondeur, qui est du parti de
la Fronde.
furie. — Cette femme est une
vraie furie.
Furie. — Ce créancier est comme une Furie attachée à ses
pas.
Furies (les trois), Alecto, Mégère, Tisiphone.

G

Gaulois (c'est un franc), un
homme sincère.
géhenne (précipiter dans la).
Gémeaux (le signe des).
gémonies (il fut traîné aux).
gens Fabia (la).
gens Cornelia (la).
Gibelins (les).
Gille (rôle de), jouer les Gilles.
Gironde (le parti de la)
*girondin, du parti de la Gi-
ronde.
Glaciale (la mer).
Gloire (le temple de la).
Gorgones (les), filles de Phor-
cus.
Grâces (les trois); sacrifier aux
Grâces; les Grâces présidè-
rent à sa naissance.
Grâce, — Sa Grâce le duc
de..... Votre Grâce a dai-
gné...
Grand Seigneur, le Grand
Turc, l'empereur de Tur-
quie; le Grand Kan; le Grand
Mogol.
Grandeur (s'il plaît à Votre).
Grandeur (s'il plaît à Sa).
grec (être), être habile, rusé;
les Grecs, nom de peuple.
Grèce (la Grande-).

Guay-Trouin (René du).
Guelfes (les),
*guerre (ministère de la).
Guesclin (du).
Guiche (de la).
Guide (le), ou Guido Reni.
guillaume, monnaie d'or.

H

Harengs (la journée des).
harpagon, un avare.
Harpagon, personn. de théâtre.
haut Rhin (le), la haute Loire,
la haute Garonne, la hau-
te Marne, la partie de ces
fleuves qui est plus voisine
de la source que de l'em-
bouchure.
Haut-Rhin, Haute-Marne, dé-
partements.
haute Seine (la), la basse Seine.
haute, — la haute Égypte, la
haute Allemagne. Les hautes
Alpes, celles qui sont loin
de la Méditerranée. Les hautes Pyrénées, celles qui sont
à peu près à égale distance
entre l'Océan et la Méditerranée.
Hautes, — les Hautes-Alpes,
les Hautes-Pyrénées, dépar-
tements.
Hautesse (Sa), titre d'honneur
qu'on donne au sultan.
Havre (le), — Haye (la).
Henri quatre. En prose, Henri IV.
Héraclides (dynastie des).
Hercule (cet homme est un).
Hercule (il est taillé en).
*hermandad (la sainte).
Hermaphrodite, fils de Mercure et de Vénus.
hermaphrodite (un). Il n'y a
point de parfaits herma-
phrodites.

Hespérides (le jardin des).
hippodrome (un).
Hippodrome (l') de Paris.
histoire de France.
histoire de Napoléon.
histoire romaine.
Histoire de Napoléon, par de
  Norvins.
Histoire romaine, par Rollin.
Homme-Dieu (Jésus-Christ).
Honneur (Votre, Son) a dai-
  gné...
Hôpital (Michel de l').
hôpital des Incurables.
hôpital de la Charité.
hôpital des Enfants trouvés.
hôtel des Invalides.
hôtel de la Monnaie.
*hôtel de ville (un), ou maison
  de ville. A Toulouse, le Capitole est un hôtel de ville.
Hôtel de ville (rue, place de l').
Hôtel-Dieu.
Hyades (le lever des).
Hymen, divinité païenne. On
  représente l'Hymen un flambeau à la main.
hymen. Dans le sens figuré, on
  écrit ce nom sans maj. : allumer le flambeau de l'hymen.

I

Île-de-France, province de l'ancienne France.
*île de France, anc. possession
  française en Afrique.
île de la Réunion.
îles Baléares.
îles des Amis.
îles Britanniques.
îles Fortunées.
îles Ioniennes.
îles de l'Archipel (mer Égée).
îles de l'archipel Indien.
Îles (les), se dit de l'archipel

du Mexique. Cacao des Îles.
Imitatione (ce livre est inti-
  tulé *de*).
Impériaux (les), se disait des
  troupes de l'empereur d'Al-
  lemagne.
*imprimerie impériale.
*incarnation (l'an de l').
Indes orientales.
Indes (les grandes).
Indien (l'océan).
indigètes (les dieux)
Inférieure (la mer), ou mer
  Tyrrhénienne.
Institutes de Gaïus, de Justinien.
*institution des Aveugles, des
  Sourds-muets.
*instruction publ. (ministère
  de l').
Instruction publ. (aller à l').
*intérieur (ministère de l').
Intérieure (la mer), ou mer
  Méditerranée.
Invalides (hôtel des).
invocation à la Vérité.
Ionienne (la mer).
Iris, messagère des dieux.
iris, plante; cristal; fleur.
iris, pierre précieuse; cou-
  leur.
Israélites (les). Le culte israé-
  lite.
Isaïes politiques (des).
Italien (le théâtre impérial). Il
  y a, à Londres, un théâtre
  italien.
Italiens (aller aux).
Itinéraire d'Antonin.

J

Jacques (saint) le Majeur.
Jacques (saint) le Mineur.
Jacques (saint) le Pèlerin.

japon, porcelaine apportée du Japon.

jaquemart (armé comme un).

janissaire, soldats de l'infanterie turque.

jardin des Olives.

*jardin des *plantes.

Jardin d'hiver (le).

Jarnac (coup de), manœuvre déloyale ; par allusion au duel où Jarnac tua la Châtaigneraie.

Javelle (eau de).

Jean l'Évangéliste (saint).

Jean sans Peur

Jean sans Terre.

Jéhovah, Dieu.

Jéhovah (on a gravé un) au-dessus de l'autel.

jésus (papier).

Jeu de paume (serment du). Le tableau du *Serment du Jeu de paume*.

*jeux Capitolins.

— Floraux.

— Néméens.

— Olympiques.

— Pythiques.

jeux équestres, jeux funèbres, jeux séculaires.

Jeux (les), les Ris, les Grâces, les Amours, divinités allég.

jeux (les), les ris, enfants de la gaieté.

joseph (papier).

jour de l'Ascension.

— des Azymes.

— des Cendres.

— des Morts.

— de la Purification.

— des Rogations.

— des Rois.

journée des Dupes.

— des Barricades.

— des Éperons.

— des Harengs.

journal *la Presse* (le) ; le jour-nal intitulé *le National* ; d'après le *National* ; extrait de la *Presse* ; outre le *Diario*, il a lu le *Morning-Post*.

Jouvence (la fontaine de).

Judas (baiser de).

judas, ouverture faite à un plancher.

Juifs (les), n. d'un peuple d'Asie

*juifs (les), ceux qui suivent la religion judaïque.

juif (c'est un), un usurier.

Juif errant (le).

*juillet (la révolution de).

Juillet (la dynastie de).

Julienne (la période).

Jupiter Olympien, Jupiter Capitolin, Jupiter Stator, Jupiter Tonnant.

*justice (le ministère de la).

justice, — la balance est le symbole de la justice.

Justice, — le glaive et la balance sont les attributs de la Justice.

K

Kabylie (la grande, la petite).

kan (le) des Tartares.

Kan (le Grand).

Karpathes (les monts).

L

Lagides (dynastie des).

landwehr (la), garde nationale en Allemagne.

lares (les dieux).

latomies (il fut conduit aux).

Laurentienne (bibliothèque), à Florence.

Légende dorée (la).

Légion d'honneur (ordre de la).

Léontide (la tribu).
lever-Dieu (le).
Léviathan, animal monstr.
Liens (église Saint-Pierre ès).
Liesse (Notre-Dame de)
lieux saints (visiter les).
ligue (la) de Smalkalde.
ligue du Bien public.
Ligue (du temps de la).
ligueur, qui est de la Ligue.
Lion (constellation du petit).
Lis (l'empire des), se disait
   autrefois de la France.
livre (inscrit sur le grand-).
livre des Juges, le livre des
   Rois, le livre de la Sagesse.
*livres sacrés, les livres saints,
   c'est-à-dire les livres de l'É-
   criture sainte.
loi Manilia, la loi Cornélia,
   la loi Julia; — la loi salique,
   la loi ripuaire, loi martiale.
loi des Douze Tables.
loi (les tables de la).
louviers (habit de).
Lucifer, fils de Jupiter.
Lucifer prend soin des chevaux du Soleil, et se joint
   aux Heures pour les atteler.
Lucifer, chef des démons.
lucifer, l'étoile du matin. *Ante
   luciferum genui te.*
Lucullus (les festins de nos).
lycée Bonaparte.
lycée Charlemagne.
Lycée (le), le Portique, écoles
   célèbres d'Athènes.
*lyonnaise (la Gaule).
Lyonnaise (les peuple de la).
Lyre (constellation de la).

M

madame la duchesse, mesda-
   mes les chanoinesses.
Madame Élisabeth (S. A. R.).
Madame, se disait de la fille

aînée du roi de France, ou
   de la femme de Monsieur,
   frère du roi.
madame (vous demandez), elle
   est sortie.
madame vaut bien monsieur.
madère (bouteille de).
Madère (vin de).
mahométan, les mahométans.
maison de France, maison
   d'Autriche.
Majesté (Sa) l'empereur des
   Français.
Majesté (Sa), Leurs Majestés.
Majesté Britannique (Sa), le
   roi d'Angleterre.
Majesté Catholique (Sa), le roi
   d'Espagne.
Majesté Danoise (Sa), le roi de
   Danemark.
Majesté Impériale (Sa), ou Sa-
   crée Majesté, l'empereur
   d'Autriche.
Majesté Suédoise (Sa), le roi de
   Suède.
Majesté Très-Chrétienne (Sa),
   le roi de France.
Majesté Très-Fidèle (Sa), le roi
   de Portugal.
Majesté (Votre), Vos Majestés.
majesté (sa, votre). — Seigneur, agréez le sacrifice
   que nous offrons à votre
   majesté.
Majeure (église Sainte-Marie).
malaga (bouteille de).
Malaga (vin de).
malines brodée (de la).
malvoisie (boire de la).
Malvoisie (vin de).
Mammon, dieu des richesses.
manche, canal étroit. La manche de Bristol; la manche
   de Tartarie.
Manche, nom propre d'un canal compris entre les côtes
   de France et d'Anglererre.

Ce vaisseau est entré dans la Manche.
Manuel de l'artilleur.
Manuel du cavalier.
manuel. — Ce livre devrait être le manuel de tous les administrateurs.
Marche (la), ancienne province de France.
Marche Trévisane, la Marche d'Ancône.
Maréotis (le lac).
mars (bière de), bière brassée au mois de mars.
Massorah ou Massore, examen critique du texte de l'Écriture sainte par des docteurs juifs.
massorètes (les), ceux qui ont travaillé à la Massore.
mazarin (c'est un), pour dire un partisan du card. Mazarin.
Mazarine (bibliothèque).
Mécène. — Ce prince est le Mécène des gens de lettres.
*médiateur (le divin), Jésus-Christ.
mégère (c'est une), une méchante femme.
Mégère, une des trois Furies.
Mémoire (les filles de), pour dire les Muses.
Mémoire (le temple de). Son nom est inscrit au temple de Mémoire.
*mentor (c'est son); ses deux mentors l'accompagnaient.
Mentor, nom propre.
Méonides (les), surnom des Muses.
Mer (Boulogne-sur-).
mer Blanche.
— Glaciale.
— Adriatique, ou
— Supérieure.
— Ionienne.

mer Méditerranée.
— Noire, ou Pont-Euxin.
— Rouge.
— Tyrrhénienne, ou
— Inférieure.
Merci (Notre-Dame de la).
mercure (extrait de).
Mercure, dieu des voleurs.
Mérite civil (l'ordre du).
Messin (le pays).
Messire Jean (poire de).
Méthonique (la période).
Midi (voyager dans le); voyager dans le midi de la France.
midi (vent du).
Milieu (royaume du), un des noms de l'empire chinois.
minerve, — il a tiré cela de sa minerve, de sa tête.
Minerve, déesse de la sagesse.
*ministère de l'intérieur.
— des finances.
— des affaires étr.
— de la guerre.
— de l'instr. publ.
— de la justice.
Minotaure (le).
mirmidon, jeune homme de très-petite taille.
Miséricorde (Notre-Dame de la)
Mission (les pères de la).
Missions (les prêtres des) étrangères.
Missions étrangères (il loge aux).
Mogol (le Grand).
*monde (le nouveau), le continent de l'Amérique.
En tête d'un discours ou d'une dédicace, et en ligne perdue, écrivez : MESSIEURS ou MONSIEUR.
Dans le courant du discours, écrivez en toutes lettres Monsieur, ou Messieurs, comme dans ce cas : Je vous prie, Messieurs, d'ob-

server que ..Si messieurs les
députés voulaient bien ..
monsieur le fat, monsieur l'in-
solent.
monsieur vaut bien madame.
monsieur (vous demandez), il
est sorti.
Monsieur, employé absolu-
ment, se disait autrefois de
l'aîné des frères du roi de
France. La maison de Mon-
sieur.
Monsieur (prune de).
mont Aventin.
— Blanc.
— Calvaire.
— Cénis.
— Dor.
— Parnasse.
— Saint-Bernard.
— Sinaï.
— Thabor.
— Vésuve.
Mont-Cassin (religieux du).
mont Cassin (le).
Mont-Terrible, le Mont-Ton-
nerre, le Mont-Blanc, an-
ciens départ. français.
Montagne (le parti de la).
*montagnard, attaché au parti
de la Montagne.
Morphée (dans les bras de).
Mort (la), fille de l'Érèbe et de
la Nuit. Les attributs de la
Mort sont les ailes et le
flambeau renversé. Quoi-
que personnifié, ce nom s'é-
crit sans majuscule dans
plusieurs phrases du style figuré. On dit : la mort mois-
sonne les humains; la faux
de la mort n'épargne per-
sonne.
Morts (le jour des).
*moyen *âge (style du); style
de la *renaissance; style de
.. l'antiquité.

Musagète (Apollon).
muse. — La muse de Racine ;
la vérité a été sa muse.
Muse (invocation à la).
*musée des antiques ; musée
Clémentin; musée britannique ; le musée Bourbon, à
Naples.
Muses (les neuf), la Muse de
l'histoire ; les favoris des
Muses, les poètes.
muses (cultiver les).
muses grecques (les), muses la-
tines, les muses françaises,
pour dire la poésie grecque,
la poésie latine, etc.
musulman ; les musulmans.
Myrmidons, n. de peuple.

N

nankin (pantalon de).
napoléons (vingt), vingt louis.
*narbonnaise (la Gaule), ou
simplement la Narbonnaise.
Narbonnaise (la première, la
deuxième).
narcisse, plante.
*narcisse (c'est un), un homme
amoureux de sa figure.
Narcisse, n. pr.
Nativité (chapelle de la).
Natura deorum (j'ai lu le *de*).
nécropole, cimetière antique.
Nécropole, nom d'un fau-
bourg d'Alexandrie.
Neiges (sainte Marie aux).
Néméens (les jeux).
Néron (c'est un).
Nestor de la littérature (le).
nicodème, un niais ; Nicodème,
nom propre.
Noir (le Prince), surnom donné
à Édouard, prince de Galles.
Noire (la forêt).
nord (vent du), vent du midi.

Nord (voyager dans le) ; voyager dans le nord de la France.
Nord (l'Amérique du).
Notre-Dame de la Merci.
— de la Miséricorde.
— du Mont-Carmel.
— du Refuge.
— du Rosaire.
— des Sept-Douleurs
Notus, vent du sud.

O

observance de Saint-Benoît.
observatoire. Cet astronome a fixé le lever et le coucher de cette étoile d'après des observations faites à l'observatoire de Paris. L'observatoire de Berlin.
Observatoire (il demeure allée de l'). De la barrière de l'Étoile à l'Observatoire.
Occasion (l'), divinité. Les Romains représentaient l'Occasion sous la figure d'une femme qui a un toupet de cheveux au-dessus du front. De là vient cette manière de parler proverbiale et figurée :
occasion (prendre l') par les cheveux, au toupet.
Occident (l'Église d'), l'Église romaine.
Occident (le grand schisme d').
Océan, le grand Océan.
océan Austral.
— Atlantique.
— Boréal.
— Glacial du Nord.
— Glacial arctique.
— Indien.
— Pacifique.
Océan équinoxial (le grand).
océan de sable, un océan de douleurs.

odyssée, se dit d'un voyage semé d'aventures singulières.
Odyssée d'Homère (l').
OEdipe. — Je ne suis pas un OEdipe ; tout l'art de nos OEdipes échouera devant cette énigme.
OEil-de-bœuf de Versailles, l'antichambre où se réunissaient les courtisans ; les contes de l'OEil-de-bœuf.
œil-de-bœuf, fenêtre ovale.
*office (familier du saint).
Offices de Cicéron (les).
Oint du Seigneur, Jésus-Christ.
Oliviers (jardin des); jardin des Olives.
olympiens (les dieux); les divinités olympiennes.
Olympiens (les jeux).
Olympienne (Junon).
Olympiques (les jeux).
onocentaure, animal fabuleux.
Opéra (la salle de l'), la salle de l'Opéra-Comique.
Opéra (le grand).
opéras de Mozart (les).
Oraison dominicale, le *Pater*.
Orateur (l') romain, Cicéron.
Oratoire (les pères de l').
Oratoire (congrégation de l').
Oratore (il explique le *de*).
ordre de Saint-Bernard.
— de Saint-Benoît.
— de Saint-Bruno.
— de Saint-Dominique.
— de Saint-François.
— Saint-Jean de Jérusalem.
— de la Visitation.
— de la Légion d'honneur.
— de la Croix de fer.
— Teutonique.
— du Saint-Esprit.
— du Mérite civil.
— de la Toison d'or.
— de la Jarretière.
Lorsque, pour désigner un

ordre monastique ou militaire, on cite le nom des membres au lieu du fondateur, on emploie quelquefois la majuscule: ordre des Cisterciens.
— des Feuillants.
— des Frères prêcheurs.
— des Bénédictins.
— des Hospitaliers.
— des Templiers.
— des Dominicains.
— des Franciscains.
— des Clunistes.

orient à l'occident (de l'), entre l'orient et le midi.

Orient (les peuples de l').

Orient (le Grand), espèce de diète des représentants de toutes les loges maçonniques. Le Grand Orient de Paris.

Osmanlis (les), les Turcs.

ostrogot (c'est un), un homme qui ignore les bienséances.

Ostrogoths (les), n. de peuple.

Ottomans (les), les Turcs.

ouest (un vent d').

Ouest (les provinces de l').

Ourse (constellation de la grande, de la petite).

Ourse (les glaces de l').

outre-Manche (voyage d').

Outre-mer (Louis d').

P

Pacifique (l'océan).

palais des Tuileries.

palais de l'Institut.

*palais de justice (un), ou le palais. La grand'salle du palais de Paris. La cour du palais; jours de palais.

palatinat, nom de chaque province de la Pologne. Le palatinat de Cracovie.

Palatinat, se dit du pays qui était sous la domination de l'électeur palatin. Les villes du Palatinat.

Palus-Méotide.

Pandectes florentines.

Pandémonium, salle du conseil des démons.

Pandionide (la tribu).

Pange lingua (entonner le).

*pape (le).

pâque (la) des Juifs; Notre-Seigneur célébra la pâque avec ses disciples.

Pâques (le jour de), œufs de Pâques.

pâques (faire ses).

Pâques véronaises.

Paraclet, le Saint-Esprit.

*parlement (conseiller au).

parlement d'Angleterre.

parole incréée, la parole éternelle, la parole incarnée, se dit de Jésus-Christ.

Parques (les ciseaux des).

*pas perdus (la salle des).

pas, passage étroit dans une vallée. Le pas de Calais, le pas de Suse. (Voir *manche*).

Pas-de-Calais (le départ. du).

Passion (les frères de la).

patrimoine de Saint-Pierre, et Patrimoine (la province du), une partie du domaine du pape.

Pégase (monter sur).

Pélopides (dynastie des).

pénates (les dieux).

péninsule *italique, ou absolument la Péninsule, l'Italie.

Péninsule (voyager dans la).

péninsule *ibérique, ou absolument la Péninsule, l'Espagne et le Portugal.

Péninsule (voyager dans la).

Père (le) éternel, Dieu le Père.

père (le) des miséricordes.

Père de l'Église, les Pères du concile, les Pères du désert.
pères capucins (les), les pères de la Trappe, le père un tel.
*père (le saint-), notre très-saint père, le pape. En s'adressant à lui, on écrit : Très-Saint Père.
père (le révérend) le Tellier, ou le R. P. le Tellier.
période Callippique.
— Julienne.
— Méthonique.
— Victorienne.
période attique, la période chaldaïque, solaire, lunaire.
Perron (du).
Persique (le golfe).
Petites-Maisons (un échappé des).
Pétrée (l'Arabie).
Piérides (les), surn. des Muses.
piéride, insecte.
Pierre l'Ermite
place de l'Estrapade.
— des Victoires.
— des Pyramides.
*place Royale.
place d'armes.
Plaine (le parti de la).
Plaisirs (hôtel des Menus-).
Pléiades (le lever des).
pléiade poétique (la).
Pline l'Ancien, Pline le Jeune, Pline le Naturaliste.
*pnyx (tribune du).
Poissons (le signe des).
Polyglotte (la), s. f., la Bible. La Polyglotte de Paris, la Polyglotte d'Angleterre.
polyglotte (le Bible).
Pomone, description des fruits d'une contrée.
pont de la Tournelle.
— des Invalides.
— au Change.
Pont-Neuf.

Pont-Royal.
*pontife (le souverain).
Pontins (les marais).
Ponts et chaussées (il est aux).
ponts et chaussées (ingén. des).
porte Triomphale, à Rome.
porte Capène.
porte Saint-Martin (la).
Porte-Saint-Martin (théâtre).
Porte Ottomane, la Sublime Porte.
Portique (le), école célèbre d'Athènes.
Praguerie (la).
préfecture de la Seine.
préfecture de police.
prie-Dieu (un).
Primatice (le).
*prince des ténèbres, le diable.
Prince de Galles (archipel du).
principauté de Bénévent; les principautés danubiennes.
Principautés (les), nom d'un des neuf chœurs des anges.
pro Milone (il explique le).
*prophète-roi (le), le roi prophète, David.
prophète (le) Mahomet, ou absolument le Prophète.
Prophète (la fuite du).
Protée, fils de Neptune.
protée (c'est un), un homme qui change continuellement d'opinions.
protée, plante; reptile.
Providence (les décrets de la).
providence. — C'est un secret de la providence divine; l'univers est réglé par la providence de Dieu; vous êtes ma providence, ma seconde providence.
Provinces-Unies, anc. républ.
Prusse orientale, Prusse ducale, Prusse rhénane.
Psalmiste (le), l'auteur des Psaumes, David.

psaume (un) ; paraphrase sur les psaumes.

Psaumes de la pénitence, Psaumes pénitentiaux, les sept Psaumes.

Pseudo-Isidore.

Pseudo-Philippe.

Dans le grec et le latin, on doit écrire Ψευδοφίλιππος, Pseudophilippus.

Les Grecs, pour dire : misérable Pàris, écrivaient : Δύσπαρις, — et Δυσίλιον, pour dire : malheureuse Ilion.

Pucelle d'Orléans (la).

Puissances (anges).

Puissant (adorer le Tout-), le Dieu tout-puissant.

Pygmées (les), peuple de nains.

pygmée (c'est un).

Pyramides (bataille des).

Pythiques (jeux).

Q

Quadragésime (la).

*quarante (les) de l'Académie française; ou simplement les Quarante ; un des Quarante.

Quinquagésime (la).

Quinze-Vingt (un) ; aveugle des Quinze-Vingts.

R

Ramadan (le jeûne du).

Rameaux (le dimanche des).

rédempteur (le) du genre humain, Jésus-Christ.

Rédempteur (les mérites du)

réforme de Luther.

*réforme (les opinions de la).

réforme de Sainte-Thérèse.

Refuge (Notre-Dame du).

*régie (employé à la).

règle de Saint-Augustin.

reine-*claude, prune.

religieuse du Sacré-Cœur.

*renaissance (style de la).

Renommée (la), déesse allégorique. Le temple de la Renommée. — Ce nom s'écrit sans majuscule dans plus. phrases du style oratoire et poétique. On dit :

*renommée (les cent bouches de la), les trompettes de la renommée.

république française.

république ligurienne.

république parthénopéenne.

république mexicaine.

*république (sous la).

*restauration (sous la).

retraite des Dix–Mille.

Réunion (l'île de la).

révolution française.

révolution de *juillet.

révolution de *février.

révolution de juillet 1830.

révolution de février 1848.

Ris (les), les Jeux, les Grâces, divinités allégoriques.

Rochefoucauld (la).

Rogations (le jour des).

roi des rois (Dieu est le).

Rois (le jour des); faire les Rois; tirer le gâteau des Rois.

Rois (le livre des).

Rosaire (Notre-Dame du).

Rose blanche (la), la Rose rouge, anciennes factions d'York et de Lancastre.

*rote (les décisions de la).

Royale (la rue, la place).

royaume-uni de la Grande-Bretagne.

Royaume-Uni (le), l'Angleterre.

S

Sage (le) a dit : pour dire, Salomon a dit.

Sagesse éternelle, la Sagesse incréée, la Sagesse incarnée, se dit du Verbe.

Sagittaire (le signe du).

Saint-Barthélemy (la).

Saint-Barthélemy (une).

Saint-Bernard (le grand), ou

Saint-Bernard (le mont).

Saint-Esprit (le), l'Esprit-Saint.

Saint-Étienne du Mont (1).

Saint-Germain des Prés.

Saint-Germain en Laye.

Saint-Jean (la).

Saint-Jean de Jérusalem (l'ordre de).

Saint-Jean (le mal).

Saint-Louis (croix de).

Saint-Martin (la).

Saint-Pierre (le denier de).

saint *sacrement (le).

Saint-Sacrement (filles du).

sainte Vierge. Cette église est sous l'invocation de la sainte Vierge.

Sainteté (Sa), le vicaire de Jésus-Christ, le pape.

salle des conférences.

salle des *pas perdus.

Salutation angélique, ou l'*Ave Maria*.

sanhédrin (le grand).

Sardanapale (c'est un).

Satan (les pompes de).

Satire Ménippée.

Saturne (extrait de), extrait de mercure.

Sauveur du monde; le Sauveur des âmes; Jésus-Christ notre Sauveur; notre Sauveur Jésus-Christ; le Sauveur.

sauveur (un dieu).

scapin (c'est un), valet intrigant.

Scapin, personnage de théâtre.

Scipion l'Africain.

Scorpion (le signe du).

Seigneur (le); Notre-Seigneur; Notre-Seigneur Jésus-Christ; Jésus-Christ Notre-Seigneur. — Jésus-Christ, notre Seigneur et notre père.

Seigneur (le Grand), le sultan.

Seigneurie (Sa).

Seigneurie (Votre).

Seize (le conseil, la faction des).

Séleucides (dynastie des).

Senectute (il explique le *de*).

Sénèque le Tragique.

Sénèque le Philosophe.

Septante (la version des).

Septuagésime (la).

*sépulcre (visiter le saint).

Sépulcre (l'église du Saint-).

Séraphin d'Assise (le), saint François.

séraphique saint François (le), saint François d'Assise.

Sexagésime (la).

*siége (le saint-)

signe de la Balance.

— du Bélier.

— du Capricorne.

— de l'Écrevisse.

— des Gémeaux.

— du Lion.

— des Poissons.

— du Sagittaire.

— du Taureau.

— du Verseau.

— de la Vierge.

Silène (la monture de).

---

(1) En général, le mot *Saint* prend la capitale et se joint par un trait d'union au substantif qu'il modifie, lorsqu'il forme avec ce dernier un nom qui ne s'applique point à un saint, ou qui ne s'y rapporte que d'une manière indirecte : Saint-Cloud, Sainte-Pélagie, Saint-Lambert.

silène, satyre, dieu champêtre.
silène, plante; papillon.
Simon le Magicien.
Siméon le Stylite (saint).
Sinaï (le mont).
Sisyphe (le roc de).
sisyphe, insecte.
Sixtine (la chapelle).
Société biblique (la).
Société impériale de l'École des chartes.
Société d'encouragement.
Société des antiquaires.
Société royale de Londres.
société de Saint-Vincent de Paul.
*société (la), la compagnie de Jésus.
sœurs filandières (les), les Parques.
sœurs de la Croix (les).
sœurs de la Charité (les).
Sœurs (les neuf), les Muses.
Sommeil, divinité allégorique. Quoique personnifié, ce nom s'écrit sans majuscule dans le sens figuré. On dit : s'arracher des bras du sommeil; il passa des bras du sommeil dans ceux de la mort; le sommeil est frère de la mort.
Sourds-muets (institution des).
sous-préfecture (aller à la).
stentor (voix de).
Stentor, nom propre.
strélitz, corps d'infanterie moscovite.
Succession (les guerres de la).
succession d'Espagne (les guerres de la).
Sud (la mer du).
Sud (l'Amérique du).
sud (vent de); naviguer vers le sud.
Supérieure (la mer), ou mer Adriatique.

Sybarite (vie de).
*synagogue (le sommeil de la). L'Église a succédé à la synagogue.

T

*tabernacles (la fête des).
Table ronde (chevalier de la).
table (s'approcher de la sainte).
tables (les) de la loi.
Tables (la loi des Douze).
Talmud (le) de Jérusalem, le Talmud de Babylone. Les deux Talmuds.
talmudistes (les).
Tarasque (la), monstre fabul.
Tarpéienne (la roche).
Tartare (précipiter dans le).
tartufe (c'est un), un homme de mauvaise foi.
Tartufe, nom propre.
Tasse (le).
Taureau (le signe du).
Te Deum (chanter un).
Tempêtes (le cap des).
Temple (les chevaliers du).
*templiers (les).
Temporiseur (Fabius le).
Temps (le). On représente le Temps sous la figure d'un vieillard ailé. Les attributs du Temps sont une faux et un sablier. Dans le sens figuré, on écrit ce nom sans capitale. On dit :
temps (le) fauche tout.
temps (sur les ailes du).
Ténare (précipité dans le).
*terre promise (la), la terre de promission, la terre sainte, pour dire la Palestine.
Terreur (le règne de la).
Testament (l'Ancien); l'Ancien Testament et le Nouveau.
Teutonique (l'ordre).

Théâtre-Français (le). Il y a un théâtre français à Saint-Pétersbourg.
théâtre des Variétés.
théâtre impérial Lyrique.
Théodosien (le code).
thermes (les) de Titus ; les thermes de Dioclétien, de Julien.
tiers ordre de Saint-François.
Titans (les) escaladèrent le ciel.
Toison d'or (l'ordre de la).
Tour d'Auvergne (la).
Tour de Londres (la), caserne ; prison d'État.
tour (la) de Nesle.
Tour de Nesle (la), titre d'un drame dans lequel l'auteur reproduit sur la scène les orgies sanglantes dont la tour de Nesle a été le théâtre.
Tout-Puissant (le), Dieu.
tout-puissant (Dieu).
traité d'harmonie, traité de physique, traité de médecine ; collection de traités.
Traité des études, par Rollin.
Traité d'harmonie de Reicha.
Trajane (la colonne).
*transalpine (Gaule).
Trappe (religieux de la).
*travaux publ. (ministère des).
Trente ans (la guerre de).
Trente (gouvernement des).
Très-Haut (adorer le).
très-haut (le Dieu).
*trésor (chambre du).
*trésor de l'État, c.-à-d. les revenus de l'État.
Trésor (employé au).
*trésorerie (chambre de la).
tribu Acamantide.
— Cécropide.
— Égéide.
— Érechthéide.
— Léontide.

tribu Pandionide.
Trinité (mystère de la sainte). Le dimanche, le jour de la Trinité.
trinité. Wichnou est la seconde personne de la trinité indienne.
Trismégiste (Mercure).
Troglodyte (avec maj.), se dit non-seulement des habitants de la Troglodytique, mais encore des peuples de l'Afrique qui habitaient dans les cavernes.
*troglodytes, mineurs, ceux qui habitent sous terre.
Trônes (les), les Puissances, ordres de la hiérarchie des anges.
Turc (le Grand), l'empereur de Turquie.
Turcs Osmanlis (les), les Turcs Seldjoucides.
Tyrrhénienne (la mer), ou mer Inférieure.

U

université (l') de Paris.
*université (les cinq *facultés de l').
*université (approuvé par l').
universités (fonder des).

V

valenciennes (un mètre de).
vandale (c'est un), un destructeur de monuments.
Vandales (les), nom de peuple.
*vaudois, membre de la secte de Pierre Valdo.
Vaudois, habitant du canton de Vaud.
Vengeur (vaisseau appelé le).

Véloce (la frégate à vapeur *le*).
Le *Véloce* est sorti du port.
On vit entrer dans la rade le
Vengeur, la *Salamandre*,
le *Friedland*.
vents (sur les ailes des).
Vénus Apaturienne.
Vénus Callipyge.
Vêpres siciliennes (les).
Verbe (le) incarné, Jésus-
Christ.
Vérité (invocation à la).
Verseau (le signe du).
Vertus (les), nom d'un des or-
dres de la hiérarchie céleste.
Les Dominations, les Vertus,
les Puissances, etc.
Vésuve (le mont).
Victoire (la), divinité des an-
ciens païens. Les Romains
sacrifiaient à la Victoire. Der-
rière la statue du prince, il
y a une Victoire qui lui met
sur la tête une couronne de
laurier.
Ce nom, quoique personnifié,
s'écrit sans majuscule dans
plusieurs phrases figurées.
On doit écrire :
victoire (les trophées de la);
la victoire s'est déclarée
pour lui.
Victorienne (la période).

Vierge (la), — la sainte Vierge,
mère de Dieu.
vierge; la vierge Marie; Marie toujours vierge
Vierge aux Anges.
Vierge à la Chaise.
Vierge aux Poissons.
Vierge (le signe de la).
Visitation (l'ordre de la).
vizir (le grand).
voie Appienne.
voie Scélérate.
Vulgate (la).

X

xérès (bouteille de).
Xérès (vin de).

Z

Zéphire (le souffle du).
Zéphire (les amours de).
Zéphyre, fils de l'Aurore.
zéphyrs (les doux); sur les
ailes des zéphyrs.
Zoïle (c'est un). Il s'est fait le
Zoïle de ce poëte.

LISTE

DES

SUBSTANTIFS SIMPLES ET COMPOSÉS

QUI OFFRENT DES DIFFICULTÉS

POUR LA FORMATION DU PLURIEL.

Des	**Des**	**Des**
A	alguazils	arcs triomphaux
	alibi	armes (un compa-
abat-faim	alinéa	gnon d')
abat-jour	*allegro*	armes (une place d')
abat-vent	altos	arrière-becs
abricots (de la pâte	alleluia	arrière-boutiques
d')	amandes (un gâteau	arrière-gardes
acacias	d')	arrière-neveux
accessit	amandes (de la pâte	arrière-pensées
à-compte	d')	arrière-petits-fils
à-coup (occasionner	amen	arrière-petites-filles
des)	amphigouris	arrière-points
acquits-à-caution	ana	arrière-saisons
adagio	*andante*	arrière-vassaux
agendas	aparté	art (travaux d')
agio	appuis-main	assurances (une
aïeuls paternels	après-dînées	comp. d')
aïeux (ancêtres)	après-midi	attrape-mouche (un)
aigres-douces	après-soupées	attrape-mouches
aigues-marines	aqua-tinta	attrape-nigauds
albums	arcs-boutants	aucuns frais (sans)
alcalis	arcs-doubleaux	aucuns soins (sans)
aldermen	arcs-en-ciel	auto-da-fé

Des | **Des** | **Des**

avant-becs
avant-coureurs
avant-cours
avant-gardes
avant-goûts
avant-mains
avant-murs
avant-pêches
avant-ports
avant-postes
avant-quarts
avant-scène
avant-toits
avant-trains
avant-veilles
Ave
Ave Maria
avisos
ayants cause
ayants droit

B

baisemains (à belles)
bains-marie
bambous
banaux (fours)
barbes-de-capucin
bas côtés
bas-fonds
bas-reliefs
bas-ventres
basses-contre
basses-cours
basses-fosses
basses lisses
basses-tailles
bateaux-poste
bâtons rompus (à)
beaux-frères
beaux-pères
bécfigues
becs-de-cane
becs-de-corbin
becs-de-grue

bella-dona
belladones
belles-dames
belles-de-jour
belles-de-nuit
belles-filles
belles-mères
belles-sœurs
bénits (drapeaux)
Bibles
bien-aimés
bien-être
biennaux (emplois)
biens-fonds
biftecks
bijoux
bills
blancs-becs
blanc-manger
blancs de baleine
blancs-manteaux
blancs seings
blancs signés
boas
boléros
bons-chrétiens
bons-henris
bouche-trous
boute-feu
boute-selle
bouts d'aile
bouts-rimés
branches-ursines
branles-bas
bras ouverts (à)
bras raccourci (à)
bravi
bravo (un)
bravos (applaud.)
brèche-dents
brise-cou
brise-glace
brise-mottes
brise-pierre
brise-raison

brise-scellés
brise-tout
brise-vent
brouhaha
brouillamini
brûle-tout

C

cacaos
cachemire (châles)
cadis
caille-lait
caillots-rosats
cailloux
camarillas
cancers
carbonari
carbonaro (un)
carême-prenant
carnavals
casse-cou
casse-croûtes
casse-motte (un)
casse-mottes
casse-noisettes
casse-tête
Cent-Suisse (un)
Cent-Suisses
cerfs-volants
châles cramoisi vif
chasse-cousins
chasse-marée
chasse-mouche (un)
chasse-mouches
chats-huants
chauffe-cire
chauffe-linge
chauffe-pieds
chausse-pieds
chausse-trapes
chauves-souris
chefs-d'œuvre
chefs-lieux

Des

cheval (queues de)
chevau-légers
chevaux bai clair
cheveux châtain clair
cheveux clair-bruns
chèvrefeuilles
chèvre-pieds
chie-en-lit
chiens-loups
choléra
choses (sur toutes)
choses (avant toutes)
choses (un tel état de)
choses cessantes (toutes)
choux-fleurs
choux-navets
cicerone
cicerone (un)
ciels de lit
ciels de tableau
clairs-obscurs
claires-voies
coings (de la pâte de)
coings (une gelée de)
colins-maillards
compendiums
comptants (deniers)
comptants (mille francs)
concerti
concerto (un)
concetti
condottiere (un)
condottieri
contralto
contre-allées
contre-amiraux
contre-appels
contre-approches
contre-basses
contre-batteries
contre-charges

Des

contre-chevrons
contre-clefs
contre-cœurs
contre-coups
contre-échanges
contre-épreuves
contre-fenêtres
contre-fentes
contre-fiches
contre-finesses
contre-fugues
contre-jour
contre-lettres
contre-marches
contre-marées
contre-marques
contre-ordres
contre-poisons
contre-révolutions
contre-rondes
contre-ruses
contre-vérités
coraux
cordiaux, subst.
coq-à-l'âne
cordons bleus
corps de garde
coupe-gorge
coupe-jarret (un).
coupe-jarrets
coupe-pâte
coups de canon (à)
coups de fusil (à)
coups de pierres (à)
courtes-pointes
cous-de-pied
couvre-chef
couvre-feu
couvre-pied (un)
couvre-pieds
crescendo
crève-cœur
croc-en-jambe (un)
crocs-en-jambes
croque-note (un)

Des

croque-notes
croque-morts
cuisses-madame
culs-de-jatte
culs-blancs
culs-de-lampe
culs-de-sac
cure-dents
cure-môles
cure-oreilles

D

dahlias
dames-jeannes
débet
déficit
demi-bains
demi-dieux
demi-heures
demi-lunes
demi-savants
dilettante (un)
dilettanti
dioramas
dito
doctrinaux (avis)
douce-amères
dominos
duos
duplicata

E

eaux-de-vie
eaux-fortes
échos
écrous
embargo
entr'acte (un)
entr'actes
entre-colonne (un)
entre-colonnes

Des	Des	Des
entre-côtes	flic flac (onomat.)	garde-meubles
entre-côte (une)	flicflacs (danse)	gardes-notes
entre-ligne (une)	fiers-à-bras	gardes-pêche
entre-lignes	folios	garde-robes
entre-nœuds	in-folio	garde-sacs (un)
entre-nœud (un)	forum	garde-vue (2)
entre-ponts	fourmis-lions	gâte-métier
entre-sol	fraîches cueillies (roses)	gâte-pâte
entre-sourcils	franches de port (let-	géoramas
épines-vinettes	tres)	géraniums
équinoxiaux (points)	francs-alleux	gobe-mouches (un)
errata	francs-fiefs	gommes-guttes
erratum (un)	francs-maçons	gommes-résines
essuie-mains	francs-réals	grâces (actions de)
essuie-main (un)	francs-salés	grands-croix, s. m.
ex-généraux	fripe-sauces	grand'croix, s. f.
exeat		grand'mamans
extra		grands-ducs
ex-voto	**G**	grand'mères
		grand'messes
	gages (un laquais	grands-oncles
F	sans)	grands-pères
	gagne-deniers	grand'tantes
fa dièses	gagne-petit	grappe (les cytises
fac-simile	gagne-pain	portent leurs fleurs
factotums	gants paille	en)
factums	gardes-bois (1)	grappes (cet arbre
falbalas	garde-boutique	porte son fruit par)
fandangos	gardes champêtres	gratte-culs
fantoccini	gardes-chasse	gratte-papier
far-niente	gardes-côtes	grippe-sous
faux-fuyants	garde-feu	gris-marron (redin-
faux-semblants	garde-fou (un)	gotes)
fers-blancs	garde-fous	gris perle (étoffes)
fesse-cahiers	gardes-magasins	groseilles (de la pâte
fesse-mathieux	gardes-malades	de)
fémurs	garde-manches	groseilles (une gelée de)
Fêtes-Dieu	garde-manger	guets-apens
finals (des sons)	gardes-marine	guide-âne
fleur (orangers en)		

(1) Lorsque le mot *garde* a la signification de *gardien*, il est considéré comme substantif, et prend dès lors la marque du pluriel.

(2) Dans ce cas-ci, le mot *garde*, appliqué à un être inanimé, est con-sidéré comme verbe; il doit donc rester invariable.

6.

Des | **Des** | **Des**

H

hache-paille
halos
haro
harmonicas
hausse-cols
hauts-de-chausses
haut-le-corps
haut-le-pied
hautes-contre
hauts-fonds
havre-sacs
hiboux
hidalgos
hors-d'œuvre
hortensias
Hôtels-Dieu
hourras

I

imbroglios
Imitation de J. C.
impromptu (vers)
impromptu
incognito
indigos
initials (β, σ)
in-douze
in-octavo
in-folio
intérim
iota

J

jeux-partis
joujoux
juste (mesures prises)

L

landaus

largo
laudanum
lauriers-roses
lavabos
lave-mains
lazarone (un)
lazaroni
lazzi
lettres (du papier à)
lever-Dieu
listeaux
lieu (noms de)
lotos
loups-cerviers
loups-garous
loups marins
lumbagos

M

macaronis
maîtres-autels
maîtres ès arts
malles-poste
mal-être
manches (un gilet sans)
mange-tout
martins-pêcheurs
matous
maxima
maximum
medium
mémento
mentors
messires-jeans
meurt-de-faim
mezzo-termine
mezzo-tinto
mi dièses
mi-août
mi-carêmes
mille-feuilles
mille-fleurs

mille-pieds
minima
minimum
Miserere
miséréré (colique)
monts-de-piété
mort-nés (enfants)
mort-nées (brebis)
mortes-eaux
mortes-saisons
morts-gages
morts-ivres
mouille-bouche
mouton (queues de)
muséums

N

nasaux (os)
néoramas
nerfs-férures
net (mille francs)
non-payements
non-valeurs
nota
nota bene
nouveau-nés
nouveau-nées (filles)
nouveau percés (vins)
Nouveau Testament
nouveaux mariés
nouveaux venus
noyau (fruits à)
noyaux (arbres fruitiers à)
numéraux (adjectifs)
numéros
nu-pieds (marcher)

O

objets d'art

Des	Des	Des
œils-de-bœuf	pepins (arbres à fruit à)	plume (un lit de)
Olim (consulter les)	perce-neige	plumes (un balai de)
opéras-comiques	perce-oreilles	ponts-neufs
orange (ceintures),	perce-pierre	ponts-levis
oratorios	pèse-éther	populos
ouï-dire	pèse-liqueur	porcs-épics
outre-passes	pèse-vinaigre	porte-aiguille
	petites-nièces	porte-arquebuse
P	petits-maîtres	porte-baguette
	petits-neveux	porteballes
pachas	petits-pieds	porte-barres
paille (gants)	petits textes	porte-bougie
paille (rubans)	*piano* (adv.)	porte-broche
pains-de-coucou	pianos (instrum.)	portechapes
palladium	piano (forte-)	porte-clefs (un)
palliums	pies-grièches	porte-clefs
pals	pied-à-terre	portecrayons
panoramas	pied (au) du Vésuve	porte-croix
papiers-monnaie	pied (au) d'un arbre	porte-crosse
paquebots-poste	pied (au) des autels	porte-Dieu
paras	pieds bots	porte-drapeau
parias	pieds-d'alouette	porte-enseigne
parlants (personnages)	pieds-de-biche	porte-épée
parolis	pieds-de-chèvre	porte-étendard
passe-carreau	pieds-forts	porte-fer
passe-cheval	pieds-droits	portefeuilles
passe-debout	pieds nus, nu-pieds (marcher)	porte-hache
passe-droits	pieds (aux) de la croix	porte-huilier
passe-fleurs	pince-mailles	porte-lettres
passe-parole	pique-niques	porte-lumière
passe-partout	*pizzicato*	porte-malheur
passe-passe	placentas	porte-monnaie
passe-pied	placets	porte-montre (1)
passe-pierre	plains-chants	porte-montres (un) (2)
passe-poils	plates-bandes	porte-mouchettes (un)
passe-ports	plates-formes	porte-mousqueton
passe-volants	poires (une compote de)	porte-page
pâturages (un pays à)	plats-bords	porte-pierre
pectoraux (remèdes)	plein-vent (abricots)	porte-respect
pence	pleure-misère	porte-tapisserie
pensums		porte-vent
		porte-verge
		post-scriptum

(1) Coussinet où l'on place une montre.

(2) Armoire vitrée d'horloger.

Des	Des	Des
pot-au-feu	recto (pages)	sous-maîtres
pots-de-vin	régals	sous-ordres
poulets (une fricassée de)	reines-claudes	sous-préfets
pourboires	reines-marguerites	sous-secrétaires
pourquoi	rémoras	spécimens
pousse-culs	remue-ménage	spéculum
pousse-pieds (un)	réveille-matin	statu quo
poux	revenants-bons	sterling
premiers-nés	rose-croix	sur-arbitres
presto	rouges-gorges	systèmes (un homme à)
prête-noms		
prie-Dieu	**S**	**T**
primo		
projets (un homme à)	sages-femmes	tacet
prorata	saint-augustins	tailles-douces
pure (rubans)	saint-germains	talents (gens à)
pyramidaux (corps)	saint-simoniens	tâte-vin
	saint-simoniennes	taupes-grillons
Q	san-benito	*Te Deum*
	sang de dragon	ténors
quartiers-maîtres	saufs-conduits	terre-pleins
quartiers-mestres	savoir-faire	tête-à-tête
quasi-contrats	savoir-vivre	tibias
quasi-délits	semi-doubles (fêtes)	tic tac
quatuor	sénatus-consultes	tilburys
quidams	serre-ciseaux	timbres-poste
quintetto (un)	serre-files	tire-balles
quintetti	serre-papiers	tire-bottes
Quinze-Vingt (un)	serre-papiers (un)	tire-bouchons
Quinze-Vingts	serre-tête	tire-boutons
quiproquo	shakos	tire-bourre
qui-vive	silos	tire-fonds
	sofas	tirelires
	solos	tire-moelle
R	songe-creux	tire-pieds
	songe-malice	tire-têtes
	sonnantes (à sept heures)	toasts
rabat-joie	soprani	tories
raisin (grappes de)	soprano (un)	tory (un)
raisins noirs (grappes de)	souffre-douleur	toute-épice
ratafias	sous-baux	toutes-bonnes
ré dièses	sous-fermes	toutes-puissantes (reines)
récépissés	sous-lieutenants	toutous
	sous-locataires	tragédies-opéras

Des	Des	Des
trémas	va-tout	villas
trictracs	vade-mecum	violet-clair (robes)
triomphaux (arcs)	vélin (exemplaires)	visa
trios	veni-mecum	Visconti (les)
trouble-fête	verrous	vivat
trous-madame	vers luisants	voiles et à rames (al-
	vers à soie	ler à)
U	verso (pages)	vol-au-vent
	vert brun (redin-	
ulémas	gotes)	**W**
ultimatums	vertigos	
ultra	verts-de-gris	wiskis
	vélo	whigs
V	vice-amiraux	
	vice-présidents	**Z**
va-nu-pieds	vice-rois	
va-nu-pieds (un)	vide-bouteille (un)	zani
vapeurs (une femme	vide-bouteilles	zébus
à)	vignettes (du papier	zéros
vapeur (bateaux à)	à)	zigzags

PARTICIPES INVARIABLES.

abondé	égoïsé	opiné	rugi
accédé	endêvé	pactisé	rusé
agi	erré	paru	séjourné
agioté	fallu	pataugé	sévi
badiné	fourmillé	péché	souri
beuglé	fraternisé	petillé	succédé
bronché	frissonné	piétiné	succombé
cadré	herborisé	plu	suffi
clabaudé	imaginé(v.pr.)	préopiné	surgi
coassé	jailli	prospéré	surnagé
coexisté	jasé	pu	survécu
complu	jeûné	pullulé	sympathisé
coopéré	joui	radoté	tâché
crié	langui	raffolé	temporisé
croassé	lésiné	réagi	testé
daigné	lui	régné	tonné
découché	médit	reparu	trébuché
devisé	menti	résidé	trépigné
déplu	mésusé	ressemblé	vaqué
diné	mugi	résonné	vogué
disparu	nagé	réussi	volé (verb. n.)
dogmatisé	neigé	ricané	voyagé
dormi	nui	rivalisé	vécu

Dans le français, les noms propres hébreux et latins prennent l'accent.

Israël, Jéhovah, Néhémie, Débora, Gédéon, Melchisédech, Sédécias,

Céthégus, Cornélius Népos, Métellus, Térentius, Valérius.

RÈGLES.

Les verbes en *er* qui ont un accent aigu sur la pénultième de l'infinitif, comme *inquiéter, léser, recéler*, etc., gardent cet accent au futur et au conditionnel.

Céder, je cède, je céderai, je céderais.

Les verbes en *er* qui ont un *e* muet à la pénultième de l'infinitif, comme *lever, mener*, etc., changent cet *e* en *è* grave au présent, au futur et au conditionnel.

Semer, je sème, je sèmerai, je sèmerais.

Les verbes en *ayer*, comme *essayer, rayer*, etc., conservent l'*y* au présent, au futur et au conditionnel.

Balayer, je balaye, je balayerai, je balayerais.

Les verbes en *oyer* et *uyer*, comme *employer, essuyer*, etc., changent l'*y* en *i* au présent, au futur et au conditionnel.

Employer, j'emploie, j'emploierai, j'emploierais.
Essuyer, j'essuie, j'essuierai, j'essuierais.

Les verbes en *éer, ier, ouer, uer*, comme *agréer, crier, louer, diminuer*, etc., conservent, dans la poésie, l'*e* muet au futur et au conditionnel.

J'agréerai, j'agréerais; ils s'écrieront, ils se tueraient (1).

Les verbes en *éger*, comme *abréger*, conservent l'accent aigu, à toutes les personnes de l'indicatif, du subjonctif et de l'impératif.

J'abrége, abrége; qu'ils abrégent.
De même, tous les mots en *ége* s'écrivent avec l'accent aigu : solfége, collége.

---

(1) On est convenu de ne pas prononcer les syllabes muettes de certains mots dans les vers, mais ce n'est pas une raison pour les supprimer; l'élision se fait très-bien sans cela. D'ailleurs *agrérai, s'écriront, tûra, ntrez, supplérait*, sont des mots étranges.

LISTE

DES

MOTS OFFRANT QUELQUE DIFFICULTE

POUR L'ORTHOGRAPHE.

Le signe † sert à indiquer qu'il faut le trait d'union dans les mots composés commençant par arrière, avant, demi, mi, quasi, sous, vice, très.
Le signe ✶ indique qu'il faut le supprimer dans les mots commençant par anti, archi, co, extra, juxta.

A

abatage, abatis
abâtardir, abbasside
abatteur, abattoir
abencerrage, abêtir
abîme
abolitionniste
abrupto (ex)
abscisse
acanthe
j'achète, j'achèterai
achèvement, accoter
achoppement
acquêts, acuité
adjudant général (1)
adjudant-major (2)
afféterie
affrétement, affûter

agglomérer
agglutiner
aggraver
agnus-castus
agrégation
agression
aide-chirurgien
aide de camp
aide-maçon
aïeul, aire de vent
albâtre, alcôve
alène, allaiter
alizé, allèchement
allégement
allégretto, allégro
allonger, aloès
alourdir, amarante
ambigument
ambiguïté
amiante

j'amoncelle
amoncellement
amour-propre
amphictyon
amphitryon
anacoluthe, analème
anathème
andalous
annuler, j'annule
ânonner
antisocial ✶
apaiser, apercevoir
apitoyer, à peu près
aplanir, appauvrir
j'appelle
appesantir
après-dînée (cette)
après dîner (venez)
arbalète
archichancelier ✶

(1 et 2) *Général*, précédé d'un nom, ne prend jamais le trait d'union; *major* le prend toujours.

arènes
arome
arrière-neveu †
arsenic, arsénique
assener, asseoir
assidûment
j'assois, j'assoirai
assonance, assujettir
atermoiement
atome
atteler, attelle
atterrage
atterrissement
au dedans
au dehors
au delà
au-dessous
au-dessus
au-devant
aumônier
aussi bien
avant-dernier †
avant qu'il entre
avant qu'il sorte
à-vau-l'eau
aveugle-né
avénement
Avignonnais (les)
axiome
ayant cause
ayant droit
azimut

B

bâbord, bacchanal
bachique, bâfrer
bagarre, bâillonner
baisemain
baisotter
bailliage, baïonnette
balai
balais (rubis)
ballotter, banal
banane, banderole
bannière, baraque

baratter, barbacane
barboter, Barcelone
barége (étoffe)
barcarolle
Barréges (village)
barrette, barrique
basane, bas côté
bas-fond
bas officier
bas-relief, bas-ventre
basse-cour
basse-fosse
basse lisse
basse-taille
basses voiles
bâter, bayadère
bazar
il becquète
bedeau, bélitre
bel esprit, bélier
belles-lettres
belvédère, benêt
bergamote
bien-aimé
bien aise
bien-fonds
bienséant
bien-tenant
bienvenu, bienvoulu
bière, bifteck
bill, binôme
biscaïen, biscotin
biscotte, bivac
blanchiment
blasphème, blé
blèche, blême
blockhaus
bluet, Bohême
boîte, boiteux
Bollandistes
bonace (temps)
bonasse (homme)
bon-chrétien (poire)
bon gré mal gré
bon-henri
bonjour, bonsoir
botte, bouillotte

boulevard
bourgmestre
bourrasque
il bourrèle
boursouflé, brèche
à bras-le-corps
breveté
brevet, bréviaire
Briançonnais (les)
brick, brièveté
brocard (raillerie)
brocart (ét. de soie)
buffle, budget
butte, être en butte
buvotter
byzantin

C

çà et là, câble
cadi (un), du cadis
il cachette
cafier
cahot d'une voiture
cahoter, calcédoine
calembour, calife
câlin, calotte
campanile
campêche
candélabre
canezou, cannellier
cantonade, cantonal
câprier, il caquette
caravansérai
carbonate
carbone
carboniser, carême
carénage
carène, caronade
carotte
carré, carrick
cassonade, catarrhe
cautèle, ce jourd'hui
celer, je cèlerai
cène, c'est-à-dire
certes (adv.)

châle, chaos
chalcographie
chancelle (il)
char à bancs
chariot, charrette
châsse d'or
châssis, châtaignier
château fort
châtellenie
chauve-souris
chef-d'œuvre
cheik
chêne vert
chènevotte
chêneau, pet. chêne
chéneau (conduit).
chérif (arab.)
shérif (angl.)
Chersonèse
chevêtre
chevroter
chicoter, chipoter
choléra-morbus
chômer
chrême (saint)
chrome, chrysocale
chuchoter, chute
Chrysostome
ci-après, ci-dessus
cigare, ci-gît
ci-joint, cime
cinquante et un
cinquante-deux, etc.
cintre
cippe
circompolaire
claire-voie
clair-obscur
clair-semé
clapoter, clef
clephte, clientèle
clin d'œil
clignoter
clôt (il)

coassocié *
coercitif
coffre-fort
cognée, coiffe
coke, colback
colle forte
côlon (t. d'anat.)
colonage
commissaire-priseur
compagnonnage
complétement
comploter
compte rendu
conclurai (je)
cône, congèle
congrûment
conique
conquêts
contiguïté
continûment
[contrebande (1)
contrecarrer
contredanse
contredire
contredit
contrefaçon
contrefacteur
contrefaction
contrefaire
contremander
contrescarpe
contrevallation
contrevenant
contrevenir
contrevent]
contumace (jug. par)
contumax (accusé)
conversioniste
coquette (elle)
coquillier
Cordillères (les)
coreligionnaire
Cornélius Népos
cornouiller

coronal
corps de garde
corps de logis
corrélatif
corrélation
corymbe, cosinus
cotangente, coteau
côtier, cotonnine
côtoyer
cotte d'armes
cotte de mailles
cou-de-pied
coulevrine
coup d'œil
coupole, crânerie
cranologie
crèche, crème
crêpé, crépu
crêté, crétin
criterium
crochète (il)
croît (la rivière)
crotter
croûtier
crû (la rivière a)
crûment
crustacé, cuiller
cul-de-lampe
cul-de-sac
culotte
curatelle
cyclope
cymaise
cymbale, czar

D

débâcler
débarcadère
débâter, débucher
débotter
il décollète

---

(1) Les mots commençant par *contre*, qui ne se trouvent pas ici, prennent le trait d'union.

décèlement
déceler, il décèle
déchoir, il déchoit
décrotter
dégainer, degré
dégeler, il dégèle
dégoût
dégrèvement
dégréver, grever
déhâler
déjà, déjeuner
se déjette
démaillotter
démantèlement
démâtage
demi sauvage (à)
demi-savant †
Démosthène
dénoûment
dénûment
dépècement
dépêtrer
derechef
déréglement¹
dès lors
désir, désirer
desséchement
désuétude
il dételle
détonation
détoner (explos.)
détonner, dévider
deux-centième (un)
dévouement
diadème
différend (un)
dîmer, diplôme
diptyque
directeur gérant
discrètement
disgrâce, dissension
dissolument
dissoner
dissonance, doigter
dix-millième (un)
docteur ès lettres
dôme

doucettement
drêche
drôlerie
Drôme
dû, due, dus
duègne
dûment, indûment
dyssenterie

E

eau-de-vie
eau-forte
eaux et forêts
ébouriffé
il écartèle
écartèlement
échafaudage
échauffourée
échoir
échoit (il)
écrémer, écrêter
écroûter, égout
eh bien !
ellipse, élytre
embarcadère
embâter
emblème, emboîter
embraser, embûche
emmaillotter
emmenotter
emphytéose
empiétement
empirique
emplette, enchâsser
encablure (câble)
enchevêtrer
enchifrènement
encoignure
en deçà, en dedans
en dehors
en dessous
en dessus
endêver
enfaîtement
engainer (gaine)

engouement
engrêlure
s'engrène
enivrer, enjôleur
j'enjavelle
enjouement
enorgueillir
enquérir
il ensorcelle
ensorcellement
en sorte que
entonner
(intonation)
entr'acte
entr'aider (s')
entre autres
entre-bâiller
entre-choquer (s')
entre-croiser (s')
entre-déchirer (s')
entre-détruire (s')
entre eux
entre-frapper (s')
entre-louer (s')
entre-luire
entre-manger (s')-
entre-nuire (s')
entremets
entre-pont
entre-quereller (s')
entre-vifs
entr'ouvrir
éperdûment
épicrâne
épiglotte
époumoner
j'épousseterai
équarrissage
érafler
érésipèle
ermite
erroné
espièglerie
esprit-de-vin
esprit de vitriol
esprit fort
estafette

éternument
étincelle (il)
éthéré
étiquète (il)
étiquette (une)
événement
exarchat
excédant
exclu (perclus)
exigeant, exigence
exiguïté
exorbitant
ex-préfet
extrajudiciaire *

F

fabricant
Fahrenheit
faïence, faîtage
faîte, fantôme
fatigant, adj.
fatiguant, partic.
fausse-braie
une faux
faux-bourdon
faux-fuyant
faux-monnayeur
faux-saunage
faux-saunier
feldspath, fêler
félonie, baronnie
fêlure
Fénelon
ferblantier, fer-blanc
feuilletoniste
fève, je ficelle
fiévrotte
filtrer, filtre, flèche
flegmatique
phlegmasie
flegme, flegmon
fleur de lis
fleur de soufre
flotte, flottille
flûter, folâtrer

fond (faire)
fond de raison
— de vérité
— de doctrine
— d'un roman
— d'une question
— des choses
fonds de boutique
— de savoir
— d'estime
— de probité
— dotal
— social
— perdus
fontenier
forjette (il), fraîchir
franc-alleu
franc-bord, franc-fief
franc-maçon
franc-maçonnerie
frêle, frelon
frêne
frénésie, fret
fréter, frôlement
frotter
fusarolle
fusionniste
fût, futaille, futé

G

gabare, bagarre
gâche, gâcheur
gaiement, gaieté
gaîne
gargotte
garrotter, gaufrer
gavotte
geler, il gèle
gelinotte
Genèse
genêt, chenet
génevois
geôle, génois
geôlier, gîte
gibelotte

gigotter
glanage, glaner
goéland
goélette
goëmon, goître
golfe
gomme adragant
gomme-gutte
gomme-résine
gonfalonier, gouffre
goulûment, goûter
grâce, disgracier
gracier
grand aumônier
grand chambellan
grand'chambre
grand'chère
grand'chose
grand cordon
grand-croix, s. m.
grand'croix, s. f.
grand-duc
grand-duché
grande-duchesse
grand'garde
grand-livre (le)
grand maître
grand'mère
grand'messe
grand officier
grand-oncle
grand'peine (à)
grand'pitié
grand-père
grand prêtre
grand prieur
grand référendaire
grand veneur
grand vizir
grand'tante
grappin
gréement
grêle, grêler
grelotter
grènetier
grève
grever

grièvement
griève
gringotter
griotte, groseillier
il grommelle
grotte
se grumelle
guêpier, guère
guignier

H

hâbler, hagiographe
hâle, il halète
halte, hangar
hanse, hanséatique
harasser
harceler, il harcèle
hasard
haut-fond
haute-contre
haut-de-chausses
Haüy
hâve, havir
hé quoi !
hébété, hégire
hémorragie
hémorroïdes
hêtre
hérant d'armes
Herschell
hiéroglyphe
Hindou, Hindoustan
honores (ad)
hôpital, horizon
hors-d'œuvre
hôtel de ville
hôtellerie
hotte, houiller
huître, hulotte
hussard
Huyghens
hydraulique
hydrocèle
hydrogène
hypocondriaque

hypocrite
hypoténuse
hypothèque
hystérique

I

ïambe
ichthyologie
ici-bas
idiome
idolâtre, idolâtrer
idolâtrie, latrie
igné, île
îlot, ilotes
iman, imbécile
imbécillité
incongrûment
indûment, infâme
infamie
ingénument
innomé
innominé
inouï
instantané
intercalation
intercession des saints
interpolation
interprète
intersession des chamb.
intonation
intrigant (subst.)
intriguant (part.)
intussusception
ipécacuana
irréligion, religion
irréligieux
irrémédiable
irrésolument
irrépréhensible
isocèle

J

Japonais.
jardinier-fleuriste

javeler, il javelle
Jérôme
Jésus-Christ, ou J. C.
jet d'eau
jetterai (je)
jeûneur, jeûner
joaillier, jockey
jocko, joute
jouter, junte
juridiction, jury
jusque-là, jusqu'où
justaucorps
juxtaposition *

K

kakatoës
kan
kiosque
kirsch-wasser
kyste

L

là-bas
là dedans
là dehors
là-dessous
là-dessus
là-haut, laïque
landwehr
Laonnais
laurier-cerise
laurier-rose
laurier-tin
lazaret
lèche-doigts (à)
légat-né
légèrement
légèreté
Leipzig
lèse-majesté
lèse-nation
lettre de change
lettres patentes

lieutenant-colonel
Levantin (un).
levantine (de la)
levrette
lévrier, levûre
libitum (*ad*)
Libye
limoneux
linceul
Linné
linotte
lis (fleur de)
liséré, liseron
loch (mar.)
looch (méd.)
longtemps
longue-vue
loquèle
lorsqu'à, lorsqu'il
lorsqu'on
lorsque Alexandre
lorsque enfin
Lydie, Lyonnais

M

Machabées (les)
mâche, mâchefer
mâchecoulis
mâchurer
maçonnique
main basse
main-forte
main-d'œuvre
mainlevée
mainmise
mainmorte
maintenue
maintes fois
maire adjoint
maître-autel
maître ès arts
majordome
mal à propos

malaisé, malavisé
malbâti
malcontent
malentendu
Malesherbes
malfamé
malhabile
malpeigné
malintentionné
malpropre
malsain
malsonnant
maltôte
maltraiter, mamelle
mameluk
mancenillier
maraîcher
marchepied
marcotte, mare
maréchal de camp
maréchal des logis
marguillier
marmotte, marotte
marqueterie
martèle (il)
matrone, patronne
mâture, mèche
médaillier, mélange
Mélanchthon
mêler, menotte
méphitique
mère patrie
Métellus
métempsycose
mi-chemin †
milord, minerai
millionième
Mitylène
misanthrope
mitre, moelle
moellon, mofette
moins-value (la)
môle, momentané
monôme

mont-de-piété
mort-bois
mort-gage
mort-né
morte paye
morte-saison
motte
mousqueterie
moût
blé-mouture
moyen âge
mufle, buffle
mû, mue, mus
mufti, mûre
il muguette
mûrement
mûrir, muserolle
muséum
myrrhe, myrte

N

naguère
nankin
naphte
narghiléh, ou
narguilé
nasal
nautonier
néo-chrétien
néo-latin
néo-platonicien
néphrétique
niveler, il nivelle
Niebuhr
nivôse, noce
non-activité
non avenu
non-conformiste
non-jouissance
nonpareille
non recevable
non-recevoir (1)

---

(1) *Non*, suivi d'un adjectif ou d'un participe, ne prend jamais le trait d'union; il le prend toujours quand il est suivi d'un verbe ou d'un substantif.

non-seulement
non-valeur
nouveau-né
nûment
nu-jambes
la nue propriété
nu-pieds, nu-tête

O

ô mon Dieu!
oh! quelle chute!
occasionner
œcuménique
œuvres mortes
œuvres vives
oignon
oiseau-mouche
ophthalmie, or çà
ordinand, celui qui
   doit recevoir les
   ordres sacrés.
ordinant, évêque
   conférant les or-
   dres sacrés.
un orémus
orfévre, orfévrerie
ornithologie
orthographe
otage, ottoman
oui-da, ouï-dire
outre-mer
outremer (couleur)
outre mesure
outre-passer
oxyde, oxygène

P

pachalik
païen
palefrenier
pâleur

palma-christi
pâlotte, se pâmer
papier-damas
papier-journal
papier-monnaie
papilionacé, ou
papillonacé
parafe
par-ci par-là
passez par là
par deçà
par dedans
par delà
par derrière
par-dessous
par-dessus
par devant
par-devant notaire
par-devers
parfois
partibus (évêq. *in*)
passe-port, partout
pâte, patte
patenôtre
pâtisserie
patriarcat
patronage
patronne, matrone
pâturer, paye
payement
peccadille
pécher, péché
pêcher, pêcheur
peignier (un)
pêle-mêle
peler, il pèle
pèlerin, pèlerinage
Péloponèse
pêne (un)
pentaglotte
pepin
Pepin le Bref
percale, péricrâne
père (le saint-)

père (le très-saint)
peroxyde
persifler, siffler
perspicuité
pet-en-l'air
petiller, petit-fils
petit-lait
petit-maître
petit-neveu
petite vérole
peuple-roi
peu à peu
philanthrope
philtre (breuvage)
phlegmasie
phlogistique
phthisie
pied-droit, piédestal
pierre ponce
pilule, pimbêche
piqûre
plaidoirie, soierie
plain-chant
plain-pied (de)
plain (velours)
plain (satin)
plâtrage
plus-pétition
plus-value
pluviôse
poêle, poêlier
poëme, poésie
poëte, poix-résine
pôle
polyglotte
polynôme
pont-levis
pont tournant
pont volant
pontonage
pontonnier
ponts et chaussées
[porteballe (1)]
portechape

---

(1) Les mots commençant par *porte*, qui ne se trouvent pas ici, prennent
le trait d'union.

portechoux
portecollet
portecrayon
portefaix
portefeuille
portemanteau]
pou de soie
pour lors
pourrir
pouzzolane
prêle
premier-né
prélèvement
presque aussitôt
presque en même temps
presque à la fois
presque entouré
prêter, prêteur
préteur (magistrat)
prévale (afin qu'il)
prévôt
prévôtal
priori (prouver *à*)
prime abord
problème
procès-verbal
procureur gérant
professeur adjoint
professeur suppl.
propos (l'à-)
parler à propos
promiscuité
projeter, il projette
protêt
prud'homie
prud'homme
puîné
psychologie
puisque alors .
puisque ainsi
puisque Alexandre
pylône, pylore
pyriques jeux)
pyrrhique (danse)

Q

quadrature
quarante et un
quarante-deux, etc.
quadrinôme
quartier-maître
quasi-contrat †
quelque autre
quelquefois
quelques-uns
quenotte, quérir
quillier
quincaillier
quinine, quinquina
quoique entouré
quoique ici
quoique avec
quote-part

R

rabâcher, rabbin
râble, rafale
rachète (il)
raffermir
raffinerie
rafraîchir
ralentir
rallonger
ramonage, ramoner
ramoneur
rappeler, il rappelle
râpe, rapière
rapsodie, râpure
râteau, rationalisme
ravoir, rebelle
rébellion, recéler
récépissé, récif
reclusion
récolement
réconforter
recrû, cheval recru
rédondant

redû, redue
refléter
refuge, réfugié
registre
règlement
réglementer
regnicole
reine mère
reître
rejeter, il rejette
relais, remboîter
remercîment
rémouleur
remous
remuement
renâcler
rêne, renfaîtage
reniement
renouement
il renouvelle
repartir
répartir (distribuer)
répercuter
requérir (quérir)
résidant, ante, adj.
résident, subst. Le
résident de France
à Genève.
résolûment
résonnance
revêche
réverbère
réversibilité
réversible, reviser
réviseur, révision
revivifier
rez-de-chaussée
rhum, rhythme
rit, les rites
roide, roideur
roidir, rôle
rond-point
ronde bosse
rosbif, rôtisseur
rose-croix
ront
rouge-gorge

rouvrir
ruisseler, il ruisselle
rudànier
rumb de vent

S

sabbat
safraner
sage-femme
saignotter
saint-empire
saint office
saint-père
saint-siége
saint sacrement
saint sépulcre
sainte-barbe
saisie-arrêt
salpêtre
Sanchoniathon
sang-froid
un sans-souci
sarrasin, saumoné
sauvegarde, savane
saxonique
Saxonne
schah, schelling
Schweighæuser
scolastique
scoliaste, scolie
scrofuleux
seing privé
semestre
sénatus-consulte
sens dessus dessous
septénaire
septennal
séquelle
séquestre
serpillière
serre-file, séve
shako
Shakspeare
shérif
sibylle, Sieyes

simultané
sirtes, sofa
soi-disant
soierie
soixante et un
soixante-deux, etc.
soixante et dix
soixante et onze
solennel
souffleter, soufflette
souleur, soûler
sous-lieutenant †
soutenement
spécimen
spontané
squammeux
squirre
statu quo (le)
stellionat
steppe
stigmate
stratagème
sud-ouest, ou S. O.
sud-sud-est, ou S. S. E.
sulfureux
sur (acre)
sûr, sûre (certain)
suranné
surcroît
sur-le-champ
surseoir, il sursoit
surtout, susdit
susmentionné
Swift
symptôme
syphilis
système

T

tabellionage
taffetas
taille-douce
tanière, tapecu
tarlatane
tartane
tempêtueux

tenace
ténacité
ténement
terre ferme
terre-plein
terre sainte
terre promise
teter, il tette
tête-à-tête (un)
être tête à tête avec
   quelqu'un
thème, théorème
thyrse
tiers etat
tiers ordre
timonier
à tire-d'aile
toast, toster, tôle
tonnage, toréador
Toulonnais (les)
tournoiement
tour à tour
tout à coup
tout à fait
tout à l'heure
tout-puissant
trachée-artère
transcendantal
transsubstantiation
trappe
très-grand †
trembloter
trente et un
trente-deux, etc.
il tressaille
il tressaillira
trève, trinôme
trois-centième (un)
trois-mâts (un)
il trompète
trompette (une)
trombone
trotter, trouvère
tu, tue, tus
tutelle

U

uhlan, ukase
uléma
urètre
ultra-libéral
ultramontain
ultra-royaliste
ultra-révolutionn.

V

value (la plus-)
value (la moins-)
vanillier, varicocèle
varicelle, vélin
vedette
venimeux
vénéneux, ventôse
ver à soie
vermicelle
vert-dragon
vert-pré

vert-pomme
vert-de-gris
† vice-président
vieillotte
vif-argent
vingt et un
vingt-deux, etc.
vis-à-vis
vite, vitesse
vizir, voirie
voûter

W

Wallon, Wallonne
whig
whist, wiski

X

xiphias
xiphoïde

xylographe

Y

yacht
yatagan
yeuse, yole

Z

zagaie, zénith
zéphyr
zéro
zigzag
zodiaque
zone
zoophyte

PROTOCOLE

POUR LA

CORRECTION DES ÉPREUVES,

EXTRAIT

DU MANUEL TYPOGRAPHIQUE

DE M. BRUN.

PROTOCOLE DE CORRECTION.

Folio verso.

L'INVENTION de l'Imprimerie n'est pas aussi *Lettres ou mots à changer.*

moderne qu'on le ~~dit~~ communément. A la

Chine, *l'impression tabellaire* est en usage *Lettres gâtées à changer.*

depuis plus ~~de~~ 1600 ~~ans~~; les Grecs et les

Romains connaissaient les *sigles*, ou types *A mettre en italique.*

mobiles; et les <u>livres</u> *d'images*, qui parurent

au commencement du 15e siècle, servirent de *Supérieure à rehausser.*

modèle aux essais tentés par Gutenberg, à *Lettres ou mots à ajouter.*

Mayence, 1450, sur des planches bois

fixes. Ces planches étant sujettes à se déjetter *Lettres ou mots à supprimer.*

cet homme si industrieux, aidé de de Fust, qu'il

s'associa à cet effet, imagina de les clicher en *Lettres ou mots à retourner.*

métal; ~~sieur~~ il fallait autant de planches qu'il

y avait de pages à imprimer; ce moyen lent *Lettres ou mots à transposer.*

et pénible, joint de corriger, à l'impossibilité

leur suggéra l'idée de sculpter les lettres de *Lignes à transposer.*

corps et de hauteur, capable de les maintenir

transposez encore à vaincre une grande difficulté, celle

de donner à ces tiges une parfaite égalité de *Addition à remonter.*

l'alphabet sur des tiges mobiles. Il leur restait

Folio recto.

Lignes à remanier.	sous les efforts de la presse ; ils ne purent y	y
Blanc à jeter.	parvenir que par des moyens irréguliers, lors-	/// ///
	que Schœffer trouva celui de les fondre dans	
Blanc à diminuer.	des moules, ou *matrices* ; et, par cette ingéni-	(—)/
Pour espacer.	euse découverte, donna/enfin la vie/à l'art ty-	‡/ #/
A rapprocher.	po gr a phiq ue .	⌒/ ⌒/
		voy. copié.
Alinéa.	Abandonné aux ébauches tabellaires de	⊏/
Corrections d'accents.	Guttenberg, l'art n'eût probablement pas été	ü/ é/
	au delà ; et sous le rapport de la mobilité des	à/ é/
Blanc à supprimer.	types, connue bien des siècles avant lui,	⊖/
Espaces à baisser.	nous/ne lui devons presque /rien,/ car elle	×/ ×/
Ponctuation à changer.	ne lui permit de rien exécuter ; l'existence de	./ $\underline{\underline{L}}$/
Ligne à redresser.	la Typographie ne date d § c véritablement	=
Lettres à nettoyer.	que de la connaissance de la *matrice-poinçon*,	
Corrections d'apostrophe.	puisque c/est par elle seule qu'on multiplie	'/ '/
Lettres basses.	mob/les et parfaitem/nt proportio/nés ; or le	i/ e/ n/
Lettres hautes.	mérite de cette invention est entièrement dû	x/ x/ x/
Gr. et petites Capitales.	à p. schœffer.	$\underline{\underline{P}}$/ $\underline{\underline{S}}$/ $\underline{\underline{p.c.}}$/
Bourdon.	à l'infini des types identiques, qu'on les rend	

EXEMPLE DES DEUX PAGES PRÉCÉDENTES

après correction.

L'INVENTION de l'Imprimerie n'est pas aussi moderne qu'on le croit communément. A la Chine, *l'impression tabellaire* est en usage depuis plus de 1600 ans ; les Grecs et les Romains connaissaient les *sigles*, ou types mobiles ; et les *livres d'images*, qui parurent au commencement du 15e siècle, servirent de modèles aux essais tentés par Guttenberg, à Mayence, en 1450, sur les planches de bois fixes. Ces planches étant sujettes à se déjeter, cet homme industrieux, aidé de Fust, qu'il s'associa à cet effet, imagina de les clicher en métal ; mais il fallait autant de planches qu'il y avait de pages à imprimer ; ce moyen lent et pénible, joint à l'impossibilité de corriger, leur suggéra l'idée de sculpter les lettres de l'alphabet sur des tiges mobiles. Il leur restait encore à vaincre une grande difficulté : celle de donner à ces tiges une parfaite égalité de corps et de hauteur, capable de les maintenir

sous les efforts de la presse ; ils ne purent
y parvenir que par des moyens irréguliers,
lorsque Schœffer trouva celui de les fondre
dans des moules, ou *matrices ;* et, par cette
ingénieuse découverte, donna enfin la vie à
l'art typographique.

Ille sagax animi præclara toreumata finxit
Quæ sanxit matris nomine posteritas.
Et primus vocum fundebat in ære figuras,
Innumeris cogi quæ potuere modis.

TRITHÈME.

Abandonné aux ébauches tabellaires de
Guttenberg, l'art n'eût probablement pas été
au delà ; et sous le rapport de la mobilité des
types, connue bien des siècles avant lui,
nous ne lui devons presque rien, car elle
ne lui permit de rien exécuter. L'existence de
la Typographie ne date donc véritablement
que de la connaissance de la *matrice-poinçon,*
puisque c'est par elle seule qu'on multiplie à
l'infini des types identiques, qu'on les rend
mobiles et parfaitement proportionnés ; or le
mérite de cette invention est entièrement dû
à P. SCHOEFFER.

TABLE.

——

Pages.

Abstractions personnifiées. Dans quel cas doit-on les écrire avec la majuscule? Quels sont les cas particuliers où elles doivent figurer avec la minuscule?.................... .... 12, 33

Adjectifs employés substantivement......................... 28

Adjectifs employés comme noms propres..................... 31

Adjectifs. Dans quel cas un adjectif, modifiant un substantif dans un titre d'ouvrage, doit-il s'écrire tantôt avec la minuscule, et tantôt avec la majuscule?................................ 28

Antonomase. Dans quels cas les noms employés par antonomase doivent-ils être écrits avec la minuscule?.................... 5

Exceptions à cette règle.................................... 6

Quels sont les cas où les noms propres, employés comme noms communs, doivent figurer avec la majuscule?.............. 6

Dénominations communes de monuments s'écrivant avec la minuscule... 8

Cas dans lesquels les dénominations, *même communes*, doivent s'écrire avec la majuscule................................ 9

Dénominations communes de monuments, exprimées par deux mots, s'écrivant avec la minuscule 11

Relativement aux dénominations propres exprimées par deux mots, quand doit-on écrire le premier avec la majuscule? Et quels sont les cas où la majuscule doit ne figurer qu'au second? 10

Dénominations (propres, communes) exprimées par deux mots, se présentant sous forme elliptique, et devant s'écrire tantôt avec la majuscule, tantôt avec la minuscule...... 12

Dénominations exprimées par deux mots, se présentant avec trois acceptions diverses, bien distinctes................ 13

Divisions étymologiques.............................. 35

Inconvénients d'écrire avec la majuscule une dénomination commune................................ 15

TABLE.

Le, la, les, du, de la, des, devant un nom d'homme, de ville, de rue..................... 17

Liste des substantifs simples et composés qui offrent des difficultés pour la formation du pluriel..................... 62

Liste complète des participes invariables..................... 70

Liste des mots offrant des difficultés pour l'orthographe..................... 72

Noms d'homme, de peuple, s'écrivant avec la minuscule..................... 6

Nom d'auteur. Doit-on écrire avec la majuscule un nom d'auteur lorsqu'il est pris pour désigner l'ensemble de ses œuvres?..................... 7

Noms des diverses religions, des ordres monastiques..................... 2

Noms des membres de divers partis politiques..................... 1

Noms des fêtes païennes, des nymphes, ou divinités des mers et des bois..................... 3

Noms des animaux ou monstres imaginaires dont il est fait mention dans la Fable ou ailleurs, s'écrivant, les uns, avec la majuscule, les autres avec la minuscule..................... 21

Noms de dynasties précédés des noms des peuples sur lesquels ces dynasties ont régné..................... 21

Noms de deux peuples réunis, employés substantivement..................... 22

Noms de deux peuples réunis dont le second, pris adjectivement, s'écrit avec la majuscule..................... 23

Noms de deux peuples réunis dont le second, pris adjectivement, s'écrit avec la minuscule..................... 25

Personnifications (exemples nombreux de)..................... 33

Règles pour l'orthographe des divers temps des verbes dont l'infinitif est en *ayer, uyer, oyer, ier, ener, éler, éder, éger*..................... 71

Règle relative aux noms d'homme, de royaume, de fleuve, perdant la majuscule lorsqu'ils entrent dans la composition d'un substantif commun..................... 16

Règle relative aux noms d'homme conservant ou perdant la majuscule selon qu'ils sont placés au commencement ou à la fin d'un mot composé..................... 16

Règle relative aux noms de ville, de localité, donnés à un objet de fabrication quelconque..................... 16

Relevé général des mots qui offrent des difficultés pour l'emploi des majuscules..................... 39

Titres d'ouvrages s'écrivant avec la minuscule..................... 3

Titres d'ouvrages (les mêmes) s'écrivant avec la majuscule..................... 4

Protocole pour la correction des épreuves, exécutée en caractères mobiles par M. Brun.....................